时间贫困与人类幸福

薛刚 ◎ 著

中央编译出版社
Central Compilation & Translation Press

图书在版编目（CIP）数据

时间贫困与人类幸福 / 薛刚著. —北京：中央编译出版社，2022.7
ISBN 978-7-5117-4177-6

Ⅰ.①时… Ⅱ.①薛… Ⅲ.①贫困-关系-幸福-研究 Ⅳ.①F113.9 ②B82

中国版本图书馆 CIP 数据核字（2022）第 079949 号

时间贫困与人类幸福

责任编辑	兰　鹏
责任印制	刘　慧
出版发行	中央编译出版社
地　　址	北京市海淀区北四环西路 69 号（100080）
电　　话	（010）55627391（总编室）　　（010）55627312（编辑室）
	（010）55627320（发行部）　　（010）55627377（新技术部）
经　　销	全国新华书店
印　　刷	北京文昌阁彩色印刷有限责任公司
开　　本	710 毫米×1000 毫米　1/16
字　　数	147 千字
印　　张	12.25
版　　次	2022 年 7 月第 1 版
印　　次	2022 年 7 月第 1 次印刷
定　　价	108.00 元

新浪微博：@中央编译出版社　　　微　信：中央编译出版社(ID: cctphome)
淘宝店铺：中央编译出版社直销店(http://shop108367160.taobao.com)　（010）55627331

本社常年法律顾问：北京市吴栾赵阎律师事务所律师　　闫军　　梁勤
凡有印装质量问题，本社负责调换，电话：（010）55626985

目录

第一章 我们生活在一个时间贫困的时代 …… 1
 一、时间贫困现象在全世界都极为普遍 …… 1
 二、时间贫困作为解释伊斯特林悖论的一个重要视角 …… 3
 三、对时间贫困进行系统研究的必要性 …… 5

第二章 时间贫困的界定和测量 …… 8
 一、贫困意味着资源缺乏 …… 8
 二、与时间贫困有关的概念表达 …… 9
 三、对时间贫困的操作定义 …… 13
 四、时间是创造幸福的基本单位 …… 15
 五、测量时间贫困 …… 18

第三章 时间贫困的原因 …… 38
 一、时间贫困的社会驱动因素 …… 38
 二、时间贫困的组织驱动因素 …… 40

三、时间贫困的制度驱动因素 ………………………………… 41

四、时间贫困的内部动因 …………………………………………… 42

第四章 从金钱视角思考时间的后果 …………………………… 45
    一、以时间换金钱 …………………………………………………… 45
    二、志愿工作 ………………………………………………………… 47
    三、工作之外的社交活动 …………………………………………… 48
    四、未来方向 ………………………………………………………… 48

第五章 幸福悖论背后的水车效应 ……………………………… 50
    一、两个著名的水车效应：地位水车和享乐水车 ……………… 51
    二、多选择水车：高估越来越多的选择所带来的幸福 ………… 54
    三、省时水车：高估了节省时间的科技进步对缓解时间
        贫困的作用 ……………………………………………………… 60

第六章 时间贫困的后果 ………………………………………… 68
    一、时间贫困的后果概述 …………………………………………… 68
    二、时间贫困相关研究的具体结果变量汇总 …………………… 70

第七章 时间、金钱与幸福感 …………………………………… 78
    一、时间和金钱的区别 ……………………………………………… 79
    二、关注时间或金钱 ………………………………………………… 81
    三、人们什么时候关注时间或金钱 ……………………………… 83
    四、采用更快乐的方式花时间 …………………………………… 85
    五、享受时间 ………………………………………………………… 88

六、从时间中获取意义 ·················· 89

七、采用更快乐的方式花钱 ············· 90

第八章　二维时间贫困与健康之间的关系 ············· 96
一、时间的两个维度 ·················· 98

二、研究方法及主要发现 ··············· 103

三、二维时间贫困与健康之间关系的启示 ········ 108

四、总结 ························· 111

第九章　懒散与忙碌 ························· 113
一、实际时间消耗：懒散和忙碌 ············ 113

二、感知的时间消耗：空闲还是忙碌 ·········· 115

三、懒散厌恶和合理忙碌的需要 ············ 116

四、懒散与忙碌：当人类劳动被替代 ·········· 118

第十章　对时间贫困的干预及未来研究展望 ·········· 119
一、对时间贫困的干预 ················· 119

二、对时间贫困未来研究的思考和展望 ········· 122

参考文献 ···································· 130

第一章 我们生活在一个时间贫困的时代

一、时间贫困现象在全世界都极为普遍

时间贫困,即日常生活中时间不够用的弥散性感受(Perlow, 1999),已经成为当代社会最普遍的体验之一。"我没有时间"的抱怨无处不在(Robinson & Godbey, 2010)。越来越多的人发出了"时间都去哪儿了"的叹息。美国盖洛普民意调查数据显示,2011年,70%的美国就业人员表示他们没有足够的时间,该比例在2018年甚至上升至80%(Whillans & Dunn, 2019)。加拿大的社会调查数据发现,人们面临着更长时间的工作会议,更少时间的休闲生活,普遍感到时间不够用,不得不同时处理多项任务(Spinney & Millward, 2010)。日本的一项全国社会调查显示,有孩子的双职工家庭面临着严重的时间贫困,很少进行休闲活动,甚至其中16%的父母每天睡眠时间不足6小时(Urakawa et al., 2020)。在过去的30年里,没有足够时间去做自己想做的事情(或需要做的事情)的体验已经十分普遍,并受到不同领域研究者的关注。例如,劳动经济学家一直在关注工作时间的增加、假

期的减少、无偿加班的普遍化（Schor，1991），以及越来越多的工作被压缩在越来越少的时间里等现象（Menzies & Newson，2007）。社会学家经常强调影响当代家庭日常生活的"时间紧缩"。成年人将越来越多的时间投入到工作中，使得他们投入到友谊、婚姻、亲子等亲密关系的时间被迫压缩（Galinsky，1999；Gambles et al.，2006；Hewlett，1991）。儿童的生活也同样被安排了越来越多的活动，这使得他们不得不加快自己的节奏。他们必须更快地吃完饭，在更短的时间内完成更多的学习内容，而且课后生活往往也被快节奏的时间表所束缚。有研究表明，因为越来越多的活动安排被扩展到了晚上，儿童与成人睡眠剥夺的广泛程度令人担忧（Leon Kreitzman，1999）。总而言之，时间贫困现象在全世界都极为普遍。

在本书中，时间贫困被定义为有太多事情要做但没有足够的时间去做的长期的感觉。这种感觉在社会中日益增多。从挪威（Eriksen，2001）到澳大利亚（Pocock，2001），从德国（Adam，1995）到加拿大（Menzies & Newson，2007），从日本（Steger，2006b）到美国（Schor，1991），社会评论和学术出版物都报告了人们在忙碌的生活节奏中挣扎，"一直感到匆忙"并且"没有足够时间"。这些来自技术先进国家的报告经常与技术不那么先进的社会中的"慢时间"体验形成对比。例如，诺盖特（Norgate，2006）将高度工业化国家的时钟时间文化下的匆忙节奏与在拉丁美洲、地中海、中东和一些非洲文化中占主导地位的事件时间文化下的缓慢节奏进行了比较，在那里"人"被视为比"钟表"更重要，所以会让事情顺其自然地发展。对时间短缺认识的增加和减少时间短缺的需求，也导致了对在社会层面上进行干预的呼吁以及大众行动主义的出现，例如美国的"慢慢来"运动（De Graaf，2003）和世界范围内的"慢生活"运动（Honoré，2009）。

时间贫困现象在我国尤为突出。一方面，时间贫困现象因我国的现代化进程而更为凸显。我国作为后发外生型现代化国家，现代化进程在早发国家强大的示范效应和激烈的国际竞争压力之下被迫启动和发展。不同于由社会自发力量驱动的早发型现代化国家，后发外生型现代化国家没有充裕的时间逐步解决社会问题、稳步推动生产力发展。因此，在现代化任务的紧迫感与焦灼感驱动下，后发外生型现代化国家要用几十年的时间走完早发型现代化国家上百年走完的路程，延长工作时长、加快工作节奏不可避免地成为普遍的文化。从以时间本身命名的"996""007"等网络热词可以看出，我国民众正在前所未有地关注时间贫困问题。

另一方面，时间贫困现象因我国的文化传统而尤为突出。时间贫困折射出了一个地区的文化价值（Levine，2005）。首先，我国传统儒家文化塑造了基于家庭的工作伦理观，促使人们为了家庭荣誉福祉自我牺牲、延长工作时长（Yang et al.，2000）。其次，集体主义文化背景下的个体更可能忽视休闲时间的重要性。人们更倾向于遵从集体规范，更可能为了集体目标和利益而牺牲自身的休闲时间。研究表明，与世界其他地区相比，中国的工作时间很长（OECD，2011）。2016年，中国员工的年平均工作时长为2397小时，超过了经济合作与发展组织每年1765小时的平均工作时长（OECD，2016）。这个差异在2018年继续增大，中国的员工年平均工作时长为2418小时，远超过经济合作与发展组织的1687小时的年平均工作时长（OECD，2018）。

二、时间贫困作为解释伊斯特林悖论的一个重要视角

人类一直面临着由瘟疫、饥荒和干旱等危机造成的资源限制。与

我们人类为获得足够的有形资产来生存而进行的斗争相一致，政策的制定主要关注如何获得物质的繁荣（Williams et al., 2016）。从历史上看，人们普遍认为物质财富会带来更大的幸福（Easterlin, 1974; Whillans & West, 2022），因为物质财富的增加往往能够改善生活条件。这一点可以从国内生产总值自1934年以来一直被用作衡量一个国家的福利状况的主要工具看出（Barrington-Leigh & Galbraith, 2019）。

然而，最近这种狭隘的只关注物质的观念受到了质疑（Costanza et al., 2009; Diener et al., 2015）。20世纪70年代，经济学家伊斯特林（Easterlin）发现了一个悖论：尽管短期内国民的平均幸福感与经济发展的变化趋势相吻合，但是从长期来看，经济增长能让幸福感水平提升的空间十分有限（Easterlin, 1974; Easterlin et al., 2010）。尽管伊斯特林悖论最初存在争议（Diener et al., 2013; Veenhoven & Vergunst, 2014），但近年来在各国得到了证实（Easterlin, 1995; Easterlin & Angelescu, 2012; Easterlin et al., 2010）。在国民幸福感水平上，很多国家都出现了伊斯特林悖论中所描绘的现象（Clark et al., 2008; Easterlin, 1995；邢占军，2011）。例如，尽管美国经济在过去几十年中稳步增长，但公民的幸福感基本上没有改变（Easterlin, 1974）。再以中国为例，根据国家统计局的数据，2014年的人均GDP为46912元，到了2020年，人均GDP为71828元，6年间增长了53%。然而根据中国家庭追踪调查的数据，在2014年，人们的幸福感平均分（0到10评分）为7.53（SD=2.17），到了2020年，人们的幸福感平均分为7.54（SD=2.08），6年间几乎无增长。

根据这些发现，决策者们已经认识到非货币因素，如社会信任和乐观主义，在公民福祉和社会进步方面也至关重要（Helliwell, 2006; Karademas, 2006; Stiglitz et al., 2009）。学者们尝试从不同的视角理解伊斯特林悖论。其中，遗漏变量理论认为，个人收入的增长固然能够提升个体的幸福感，然而收入增长同时也伴随着工作时间的增加、身体健康的恶化等，这些潜在因素可能会降低收入增长的幸福效用（Diener & Seligman，2004；Graham & Pettinato，2002）。因此，在考虑幸福感的影响因素时，只考虑收入是不够的。时间和金钱都是稀缺资源，收入的增加可能导致了时间的贫困，使得收入转化为幸福感所需要的时间资源不足。正如歌曲《我想去桂林》中的形象描绘，"我想去桂林呀，我想去桂林，可是有时间的时候我却没有钱；我想去桂林呀我想去桂林，可是有了钱的时候我却没时间"。时间贫困或许可以成为解释伊斯特林悖论的一个重要视角。根据这一观点，我们认为，政策制定者也需要考虑时间富裕在公民福祉中的作用。虽然全世界的财富都在增加，但物质的繁荣并没有转化为时间的充裕；相反，财富的增加往往加剧了时间贫困的感觉（Hamermesh & Lee，2007）。

党的十九大报告提出，"使人民获得感、幸福感、安全感更加充实、更有保障、更可持续。" 2021 年 7 月 1 日，习近平总书记在庆祝中国共产党成立 100 周年大会上的讲话指出："经过全党全国各族人民持续奋斗，我们实现了第一个百年奋斗目标，在中华大地上全面建成了小康社会，历史性地解决了绝对贫困问题。"那么，在解决了物质上绝对贫困问题的基础上，如何才能进一步提高人民的幸福感？关注和改善时间贫困可能是一个重要的思路。

三、对时间贫困进行系统研究的必要性

我们希望通过本书强调对时间贫困进行系统的理论和实证研究的必要性。到目前为止，对时间贫困研究的贡献主要来自包括管理学、

社会学、经济学、人类学、人口学、流行病学、医学等众多学科。尽管有大量关于时间的社会心理学文献（Levin，1997），和与时间有关的人格特征研究（Francis-Smythe & Robertson，1999），但在公共管理和心理学学科中，关于时间短缺和生活节奏加快的实证研究非常少，似乎就好像这些体验仅仅被视为附带现象，而不是问题本身。事实上，我们对时间过载的内部心理现实的有限知识大多源自于社会学（Brannen，2005；Hochschild & Arlie，1997；Jarvis，2005）。矛盾且讽刺的是，尽管我们对时间短缺的公共管理和心理学知识少得可怜，但"时间管理"的临床治疗却在临床治疗大环境中非常受欢迎。此外，还有大量关于如何解决时间短缺的自救文章，这些文章大部分都被归在"时间管理"条目下。在图书电商平台上简单搜索一下，就会发现大量有关时间管理主题的书籍。

如果人们确实经历了时间贫困，并感到他们的生活很匆忙，那么有许多问题是可以通过系统的科学研究来解决的。人们适应不断增加的时间多重需求的内在过程是什么？个人和家庭是如何适应/不能适应这些缓慢的、渐进的、隐蔽的时间体验变化的？在应对过程和防御策略方面会存在哪些个体差异？在"永远没有足够时间"的环境下涉及的认知—情感过程是什么？被催促时的内部心理体验是什么？被过度安排、支离破碎的时间体验的心理维度是什么？由时间短缺和匆忙造成的压力与其他类型的压力之间有什么可能的区别？没有时间享受友谊、配偶、孩子、家庭生活、亲密关系等的内部心理后果是什么？个人、社会和国家如何才能改变这种被认为已经在我们的文化中根深蒂固的"生活方式"？

与上述问题有关的理论和实证研究发现都可以与幸福领域的研究进行有机结合。但令人惊讶的是，正在蓬勃发展的幸福和积极心理学研究（Diener & Seligman, 2004；Kahneman et al., 1999）甚至都没有提到过时间贫困或其积极的反面：时间富裕。然而，工作—家庭平衡研究（Bianchi, et al., 2006）、关于心理健康和时间压力的调查（Roxburgh, 2004）以及评估时间使用的新方法（Kahneman et al., 2004）都提到了时间贫困和幸福之间的关系。因为时间贫困和被催促感很明显会干扰生活质量。相反，时间富裕和一些不受约束的自由支配时间可能会提高生活质量。因此，时间贫困的研究和幸福领域的研究相结合是非常重要的发展方向。

本书针对时间贫困这个普遍现象展开论述，归纳了时间贫困的界定和测量方法、时间贫困的主要研究方法，梳理了时间贫困相关研究到目前为止的主要发现，包括：哪些人更容易感到时间贫困；什么原因导致人们感到时间贫困；时间贫困会带来哪些后果，具体而言，包括时间贫困与幸福感和健康之间的关系。进而本书对时间贫困伴随的忙碌现象及其对应的懒散状态的研究进行了比较探讨。总之，我们希望从人类幸福的视角呼唤更多的学者、公众以及政府开始关注幸福的时间维度。

第二章 时间贫困的界定和测量

一、贫困意味着资源缺乏

贫困是社会科学家经常研究的主题，提升贫困的人们的幸福是一个几乎所有国家的政策制定者都在追求的一致目标（Haveman，2009）。一个世纪以前，贫困仅仅意味着对救济的需要。随着时间的推移，贫困的概念得以推广，意味着不安全和不充分的生活条件。在最一般的意义上，贫困意味着缺乏维持最低的体面的生活所需的资源（Blank，2008）。贫困一般通过"需要"和"资源"的比值进行测量，而现实中则往往使用年收入来衡量贫困的程度（Haveman，2009），这种对贫困的测量方式的简化使得贫困的概念更易于处理。收入反映了获取个体所需资源的能力。这些资源可以用于提升安全、健康、发展、休闲、自我实现等。因此，贫困经常指的是收入的相对缺乏。

我们很容易就可以发现收入贫困这种对贫困的简化表达存在问题。首先，钱并不能买所有的东西（Harvey & Mukhopadhyay，2007）。其他方面都相同，更多的钱应该带来更多幸福的假设促使人们过度强调收入作为幸福感的指标（Folbre，2009）。当前，很多思想流派都开始重新思考这种做法。

其次,即使拥有充足的收入,钱是否能买到想要的物品,即可得性,也可能是一个问题。例如,所需要的物品的市场是否存在,以及由于歧视等社会因素,导致即使有钱有些人也无法购买自己想要的物品。

最后,是时间的概念。像收入一样,时间使得人们能够去从事那些提升他们幸福的活动,时间是如此的重要以至于克鲁格等人(Krueger et al.,2009)将时间称作"生命的货币"。就算上述提到的可得性不是问题,人们也必须有相应的时间来购买和消费商品。

我们认为,时间是一种稀缺的资源,是对收入的重要补充。探索贫困的时间维度有助于加深我们对贫困的理解,但是自从时间贫困的概念最早被维克里(Vickery,1977)引入之后,相关的研究非常有限。我们考察了时间贫困相关的理论和最近的实证研究的文献,比较和对比了收入和时间贫困的测量方式。尽管时间贫困是一个很有意义的变量,但是这个概念缺乏统一的测量方法和框架,导致文献中存在各种各样的测量方式,这些方式基于相对比较主观的对时间贫困的操作定义,因而使得对研究之间的比较变得非常困难。

二、与时间贫困有关的概念表达

当回顾关于时间贫困的流行文章和专业文献时,所使用的各种术语和在各种标签下描述的经验存在着惊人的异质性。因为缺乏定义或定义不准确,时间贫困被称为"时间紧缩"(Zuzanek,2004b),时间赤字(Bianchi & Raley,2005),"时间饥荒"(Robinson & Godbey,2010),"时间匮乏"(De Graaf,2003),"时间压力"(Teuchmann et al.，1999），"时间稀缺"（Hirsch，1976），"时间病"（Dossey，1982），"时间压缩"（Gerson & Jacobs，2004），以及"时间紧张"（Csikszentmihalyi，1997a）。一些作者（Robinson & Godbey，2010）会将几个上述术语交替使用。另一组相关的概念主要集中在忙碌、加速的生活节奏所导致的时间过载的体验上。在这种情况下使用的术语包括"生活节奏加快"（Garhammer，2002），"时间的暴政"（Eriksen，2001），"急速文化"（Bertman，1998），"24小时社会"（L. Kreitzman，1999）和"快速时间"（Eriksen，2001）。生活节奏的加快、时间上的超负荷、执行活动速度的加快和多任务处理也在"工作强化"的术语下被讨论（Burchell et al.，2002）。

在萨瑟顿和他的同事（Southerton，2003；Southerton et al.，2001；Southerton & Tomlinson，2005）进行的概念分析中使用了术语"焦头烂额"和"时间紧迫"。在他们的表述中，"'焦头烂额'不应该与'时间紧迫'的感觉混为一谈，因为'焦头烂额'是一个描述特定时间范围内社会活动密度的术语。相比之下，'时间紧迫'意味着自由时间的普遍短缺"（Southerton & Tomlinson，2005）。因此，焦头烂额感是一种"匆忙"的感觉，是"加速"的现实体验与焦虑和担忧交织在一起的感觉。继诺沃特尼（Nowotny，1994）之后，布兰嫩（Brannen，2005）使用了"延展的当下"这个术语来描述日常生活中每时每刻的加速，在这个过程中，时间被加速，被多项任务打散，被不断变形和干扰。在这种被延展的当下，处于持续忙碌状态的人无法注意到时间的流逝，没有时间在当下为未来做计划。埃里克森（Eriksen，2001）和哈桑（Hassan，2007）强调了加速的技术变革如何直接影响人类的时间体验，从而导致了许多过程的加速，并伴随着人们对周围事情应该迅速发生的期望。随着人们花在网上的时间越来越多，他们内在的时间感已经完全被网络速度重塑了。这些过程创造了带有紧迫感、危机感、不耐烦和被催促的体验的"快速时间"。在"时间的暴政"中,这种"快速时间"会让时间不呈线性的且不允许形成有秩序的、有组织的经验;相反,时间是由被极度放大了的零散的、不连贯的时刻组成。在这种体验中,一切都发生在当下,与过去或未来没有任何联系。在这加速的当下,人们会减少每项活动的时间,或者同时进行多项活动。

在另一个相关的概念中,罗宾逊和戈比(Robinson & Godbey, 2010)使用"时间深耕"(time-deepening)一词来描述人们经历了时间饥荒后会"以更快的速度做事"。时间深耕的策略包括加快活动的速度(包括社交),相比于耗时更久的活动,人们更倾向于选择那些更快的方式,如同时处理多任务、密集的日程安排等。

其他与"快速时间"相关的概念还有萨瑟顿(Southerton, 2003)提出的时间"热点"和"冷点"的概念。在一项定性分析中,他展示了人们是如何围绕工作创造出既定的"热点",这些"热点"之后会为"慢时间"的"冷点"腾出时间用于家庭和休闲。然而,这些热点也给人以匆忙的感觉:不是人们做了多少事,而是他们做事的环境影响了人们是否体验到忙碌。正如诺盖特(Norgate, 2006)在进一步分析高适应性时间安排的应对策略时指出,这些"热点"经常会造成精神压力和一直被催促的感觉。日程安排经常会导致人们在不同性质的活动之间快速切换并且在下一次被安排任务之前,要持续监控在现有时间内完成的活动的程度。我们也可以预期,"冷点"很容易变成"热点",就像埃里克森(Eriksen, 2001)所说的,"快时间"总是超过"慢时间"。正如格雷克(Gleick, 1999)所评论的,日程安排是泰勒主义使我们的生活高效的一个缩影,我们紧张的日程安排(类似于紧密耦合的复杂系统,如航空旅行时间表)没有冗余和松弛,因此非常容易受到干扰。所以我们的日程表一旦超时就会造成一连串的灾难；这种持续的危险导致了警惕、紧张，以及压力感、匆忙感和烦躁感。

术语的异质性使人们对时间贫困体验的理解产生了障碍。所有上述术语都包括这样的内涵：时间贫困的主观体验是不利的并伴随着忧虑。同时，这些术语还围绕着两组重叠的体验，可以粗略地描述为时间短缺本身（时间赤字、时间贫困、时间稀缺、时间饥荒、时间紧缩等）和被催促感（被催促、时间加速、快速时间、紧迫感、延展的当下、时间深化、生活节奏加快等）。与时间短缺有关的术语，一方面意味着对经常没有足够的时间进行某项活动（工作、关系、休闲等）的认知，也就是说是时间分配的问题。这些术语几乎不包含情感内涵；相反，它们意味着感知到的时间短缺可以被识别、客观地测量，也许还可以被控制。因此，时间短缺往往被认为是一个时间管理问题。另一方面，与"匆忙"有关的术语集中在忙碌的生活节奏中产生的主观情绪体验、对加快做事速度的要求、紧迫感、对紧迫时间表的持续警觉、低控制感、在活动间转换不连贯时感受到的烦恼，等等。被催促感的情绪基调是忧虑、担心、焦虑和沮丧，更快的节奏也被用来描述这些体验。然而，"被催促感"的被动形式更好地反映了这种体验非自愿的、失控的性质以及随之而来的负面情绪。

为了提高概念的清晰度，本书将时间贫困作为一个统一的术语，它包含所有与时间短缺和被催促感有关的术语。时间贫困既意味着对没有足够时间的认知，也意味着对忙碌的节奏、烦躁和匆忙的情感体验，并伴随着忧虑和挫折。时间贫困不同于急性的时间压力。急性时间压力是一个具体的、瞬间的现象，而时间贫困是一种会在日常生活中反复出现的慢性的、持续的、重复的体验。本书所介绍的研究中，有些研究关注时间贫困的短缺维度，而有些研究关注时间贫困的匆忙维度。为了推动更多的学者采用多维度的视角理解和探讨时间贫困，本书的第八章特别介绍了一项研究，该研究采用二维视角探索时间贫困的不同维度对人的身心健康的不同影响。

三、对时间贫困的操作定义

对于贫困的界定存在很多争议，因为"贫困"本身是一个模糊的概念，而且开发一个贫困的测量要求一系列相对主观的假设（Blank, 2008）。识别谁是穷人需要找到那些拥有极低水平的资源的人。这需要考虑以下三个方面：

（1）哪些资源应该计算在内？对于收入贫困而言，分析者必须决定是否包括各种形式的现金和接近现金的收入，计算税前还是税后的收入，减去基本的开支，等等。更为复杂的定义还会考虑未付报酬的家庭劳动的时长价值（例如照顾孩子）。

（2）计算谁的资源？分析者往往将整个家庭的所有的收入都计算在内。

（3）临界值应该如何确定？极低水平意味着所拥有的资源等于或者低于某个水平，而达到这个水平则意味着资源是足够的。这个临界值或者"贫困线"可能会随着地区、家庭结构等的不同而不同。

在考虑上述各个方面的时候，有很多地方需要权衡，于是导致很多相互竞争的贫困的测量。为了便于理解界定时间贫困的上述考虑，我们先简要回顾一下关于收入贫困的测量。

在美国，国家基本贫困线的划定，最早确立于1964年，测量了已婚或同居家庭成员税前收入。这个划定在考虑各种消费的时候，并没有考虑家庭自己生产的物品和提供的服务，尽管这些物品和服务如果家庭不自己生产的话就需要在市场上购买。美国国家基本贫困线的划定背后的逻辑是基于已有研究所发现的，在1955年，家庭将其收入的三分之一用于食物（Blank，2008；Haveman，2009）。美国农业部开发了一个经济食物计划以反映当资金较少的时候，临时的或者紧急状态下所需的钱数。于是，美国的国家基本贫困线是基于这个基本维持生活水平的食物计划所估算的花费，然后乘以3，用于反映基本维持生活的预算水平。基于同样的原理，对于不同的家庭大小以及有老人的家庭，该体系开发了相应的临界值。并且上述贫困线临界值会根据消费者价格指数所反映的通胀水平进行相应调整。美国基本贫困线的稳定性以及其参照某些既定的维持基本生活水平的标准的特点，意味着它是对收入贫困的一个绝对测量。

相反，其他收入贫困的测量采用了一种不同的方法确定临界值。在发展中国家，经常采用1天1美元或者2美元或者等值货币作为基本的绝对临界值。在欧洲和加拿大，使用了相对贫困的概念。在这些国家或地区，临界值是基于整个社会的收入分配状况（往往在家庭水平），将那些收入只有整个社会收入分布中值的50%或者60%的家庭划定为穷人。由于对贫困的划定是基于整个社会收入分布的中值，这就使得对贫困的判断基于一个变化的生活标准。于是，低于贫困线的群体被认为是那些远低于典型消费水平的那些人。

用亚当·斯密（Adam Smith）的话来说，相对贫困线大体上代表用于这个社会所确定的、对于最低阶层的人而言有尊严的生活所必需的物品的费用（Smith，1937）。一个对收入贫困的相对测量指标所暗含的假设是，不论贫困的绝对水平是什么，在一个物质丰富的社会中，相对贫困更好地代表了社会相关的经济需求的水平。问卷调查表明，在美国，这种社会意义上感知到的相对贫困线是收入中位数的45%—

50%（Plotnick，2010）。

一旦选择了一个绝对或者相对贫困的测量指标，就可以很容易的计算出穷人或者贫困家庭的数目，并且可以用于识别那些容易因贫困而带来消极后果的人的指标。有些分析者进一步开发了更为复杂的测量。可以考察贫困的深度或者贫困差距，即低于贫困线多远，或者贫困的严重程度，这个指标会将个体的贫困差距进行平方，从而使得那些更穷的人占更大的权重。有的人关注贫困的长期性，聚焦贫困持续的时间。但是，最受关注的依然是人口中有多大比例是等于或低于收入贫困线的，他们被认为是需要帮助的人群。

考虑到我们追求的让我们感到快乐的事情有很大的异质性，将贫困的测量简化为用于追求幸福的基本单元或许更好的捕捉了人们能够从事这种追求的能力。对于大多数经济学家而言，追求幸福的基本单元是金钱，背后的假设是个体拥有时间并且金钱可以买到能带来幸福的所有物质。时间代表一种稀缺的、提供给每个人用于追求幸福的基本资源。我认为，有必要将时间拉回我们对贫困的讨论之中。

四、时间是创造幸福的基本单位

在过去十几年，时间使用和时间贫困吸引了研究者、政策制定者以及普通大众的关注，像收入一样，时间是逃离贫困和创造幸福所需要的基本资源。对时间使用的兴趣源于几个视角。不管使用哪个术语——时间压力、时间贫困、时间限制、或休闲不平等，这些学者研究的主要是客观或主观时间贫困及其对社会、经济、心理和生理健康的影响。很多学者认为一定水平的休闲时间是幸福的内在要求，那些将太多的时间用于有偿或者无偿工作的人的幸福会受到威胁。汉默麦希（Hamermesh，2014）的研究发现，在美国和英国，工作的时间增长了，但是往往并没有伴随着相应的收入或者生活幸福的增长。食物制造的时间成本以及消费成品或快餐食物的诱惑成为糖尿病以及相应的健康风险的重要根源。同样的道理，我们用于健康锻炼、主动交通（Brownson et al.，2005；Meltzer & Jena，2010）以及睡眠（Knutson & Van Cauter，2008）的时间也变少了。

我们如何分配我们的时间对个体和家庭的幸福具有直接的影响，因为时间分配给一个活动伴随着不能从事其他活动的机会成本。这些活动可能包括个体基本健康和正常生活所必需的事情（例如睡眠和个人卫生），以及在家庭中的活动（打扫房间，照顾孩子和老人）、市场活动、教育或保健活动。当完成一系列被要求的或自己想要从事的活动（例如，创造收入）阻止个体不能从事其他一系列自己想做的活动时（例如，照顾孩子），时间贫困就出现了。

大多数关于时间使用或时间贫困的讨论都关注的是分配给各种活动的时间的数量，但是莱希（Reisch，2001）认为时间的质量更为重要。具体而言，时间的质量依赖于（1）是否拥有大块儿的时间（2）对时间的分配具有自主权，并且（3）拥有的时间与他人的时间节奏同步的程度。类似的，阿特金（Etkin，2015）描述了在特定的一小时内冲突的目标降低了我们对这个小时的愉快感并且让人觉得这个小时似乎更短了。将工作带回家，即使是在度假期间也时常检查工作，这种对时间的使用方法对人们的身心健康和幸福是不利的。而对质量的强调将人们的关注点转向时间使用的主观方面的重要性，大多数研究者关注的是分配给不同类型工作的时间，是因为这样比较简单而且有关时间质量的数据是缺乏的。

很多相关文献力图强调用于家庭生产所花费的时间的价值。关于养育孩子及其相关的社会情感、健康以及教育后果的任何讨论都内在地涉及父母花在（或者未能花在）孩子身上的时间。这些时间包括识别和调控孩子的情绪、在健康行为方面做出榜样，以及阅读和辅导孩子的家庭作业等。时间贫困和时间使用的文献也经常强调工作父母的心酸，特别是单亲父母，他们必须在工作、准备食物、照顾孩子以及做家务之间穿梭。与此同时，时间贫困可能会通过阻碍个体参与社会活动，进一步使得个体在社会中边缘化，从而消极的影响个体的幸福感。最近的研究表明，收入贫困和时间贫困，可能会导致糟糕的决策，使得贫困的状态进一步恶化（Mani et al., 2013；Mullainathan & Shafir, 2013）。不像大量的收入，过度的自由时间，由于残疾或者失业所带来的空闲时间，可能对于创造幸福感是没有用的。

时间分配涉及的决策需要考虑金钱的限制、社会压力及规范、个人偏好，以及其他可获取的资源，例如我们的社会网络。有些活动，例如照顾孩子或者打扫卫生，可以通过雇佣他人来完成。因此，富人（即那些拥有更多金钱资源的人）在保持工作时长不变的情况下，更可能有时间分配到他们喜欢的活动上。相反，穷人可能缺少节约时间的工具（例如，设备和网络）以及服务（例如，花钱雇佣他人照顾孩子、打扫卫生）。结果是，拥有有限资源的个体可能缺乏必要的时间帮助他们脱离收入贫困（例如，他们可能无法在自己目前的工资水平上工作足够长的时间），或者如果他们这样做的话就不得不损害他们自己或者家庭的健康和幸福（例如，不照顾孩子或者自己不睡觉）。那些在收入和时间两个方面都贫困的个体和家庭因此而面临着严峻的挑战。

最后，时间作为稀有资源的重要性内嵌于对收入贫困的测量本身。美国农业部发布了几种食物计划，这几种计划的总花费水平彼此不同。其中，经济食物计划——美国政府最初的贫困线确定的基础——是最便宜的。整体而言，食物计划的花费越低，该计划就越依赖于在家准备食物、节俭的购物，以及有技巧的做饭，从而最大化食物的供给，最小化食物的浪费，而采用这些方式都需要时间。维克里（Vickery，1977）是第一位指出美国的贫困测量中被遗忘的时间成本的学者。

时间和收入有很多共同之处，首先，两者都是有限的资源；其次，两者都必须分配到不同的选择之中。对于时间和收入的探讨和测量在经济学以及其他社会科学文献中是平行进行的。在讨论中常用的术语见表1。

表1 收入和时间的概念

	收入	时间
主观测量	自我报告的相对地位（往往指的是整体的社会经济地位），主观相对贫困，或者自我报告的经济压力（金钱的压力，支付账单困难等）	自我报告的时间压力
作为连续变量的测量	收入，最好是家庭的所有收入的总和；聚焦于可自由支配的收入在总收入中的比例	在一般的一天或一周中用于各种类型活动的时间；一般关注可自由支配的时间或休闲的时间，有时候强调承诺时间或必须时间
贫困（极低水平）	收入贫困指的是当收入低于特定的临界值。该临界值或者用绝对的数据进行界定（例如，每天2美元是美国的贫困临界值）或者以相对的方式来界定（例如，对于有相似家庭结构的家庭收入中位数的50%）	时间贫困指的是当特定类型的时间少于某些临界值。临界值或者以绝对的数值来界定（例如，对于某些必要的活动所需要的最少的时间量）或者以相对的方式来测量（例如，可自由支配时间中位数的60%）

五、测量时间贫困

维克里（Vickery，1977）经常被认为是时间贫困研究的先驱。她的分析往往关注的是将时间加入到家庭的经济模型中，呼吁人们关注那些由于不同家庭所拥有的成人时间不同所导致的公平问题，并且更为准确的定义对于不同类型的家庭而言可以得到的资源和选择。在时间使用研究，以及一些关于时间成本和时间压力的讨论之外，学者们没有对维克里的时间贫困概念进行改变或者拓展，直到杜希特（Douthitt，2000）使用1985年美国人时间使用调查对她的校正后的贫困率进行了更新。

测量和估计时间贫困在技术上是具有挑战的，尽管测量收入也一样很有挑战。客观的测量时间使用和时间不足要求认真的记录个体是如何分配时间给特定类型的活动的。这里我们列出几个时间贫困研究所面临的挑战：研究者需要面对参与者在作答时可能存在的对自己时间使用的回忆偏差；研究者需要选择恰当的方式平衡测量的颗粒度以及作答者的疲劳度（例如回顾性还是时间的经验取样的方法，以及所要求填写的时间段的数目），显然，颗粒度越小则获得的信息越多越精确，但是由此带来的参与者作答的疲劳度会随之增加；以及是否需要询问参与者在特定时间所完成的主要任务之外的次要任务（Masuda et al., 2014）。

当测量时间贫困的时候，研究者首先面对的一个概念性问题是时间在多大程度上被认为是独立于收入的，以及一系列测量相关的决策。对"测量谁"这个问题的回答相对来说比较直接：大多数研究者考虑的是工作群体的个体，可以排除那些在学校上学的人。有些研究者将家庭中所有成人的时间加总，这样做可能会掩盖任务分配上的重要差异。研究者之间更大的差异存在于另外两个问题上。其一是个体所从事的活动如何被分类；其二是研究者得到的是时间贫困的绝对阈值还是相对阈值。

（一）时间是否独立于收入

对于时间和收入的关系，不同的学者采用了不同的方法。首先，有的学者认为应该在考虑收入贫困的同时考虑家庭中成人可用的时间。基于时间校正的收入贫困线是更精确的收入贫困线。维克里（Vickery，1977）的分析开发了一个两维度的收入贫困概念，这个概念在美国背景下对收入进行了时间上的校正。杜希特（Douthitt，2000）使用了来自美国人时间使用调查数据对维克里的模型进行了更新。巴达斯和沃顿（Bardasi & Wodon，2010）以及哈维和摩克波提耶（Harvey & Mukhopadhyay，2007）沿用了这种方法。

相反，卡勒蔻丝凯和哈姆里克（Kalenkoski & Hamrick，2013）以及卡勒蔻丝凯等人（Kalenkoski et al.，2011）认为，应该将时间看做一种重要的资源而将时间贫困看做另一种重要的、独立于收入贫困的风险因素。类似的，比特曼（Bittman，2002）发现在休闲时间的分配上，收入扮演了无足轻重的角色，并且考察了时间贫困风险本身。斯平尼和米尔沃德（Spinney & Millward，2010）总结道，时间贫困可能是比收入贫困更为重要的阻碍身体锻炼的因素。

上述两方面的研究都表明，时间和收入之间存在不得不考虑的关系。因此，即使是那些对时间贫困进行单独考虑的研究者也往往会将收入作为协变量放入时间贫困效应模型之中。

（二）时间使用活动分类系统

将不同的时间使用活动加总生成一个研究者所关注的时间使用指标是非常重要的，因为它要求开发研究者们意见一致并且可靠的活动分类系统。所有对时间贫困的考虑都是基于将时间划分到研究者所关注的不同时间类别之中，但是对于活动如何分类却往往有很大的差异。有些学者依赖最基本的经济角度的划分，将时间区分为工作和休闲。有些人使用格尔舒尼（Gershuny，2011）日常活动的三角模型，包括有偿工作、无偿工作，以及休闲。还有人使用了艾斯（A's，1978）的时间四分类框架,该框架将日常活动划分为必须时间、合同时间、承诺时间以及休闲时间。必须时间包括那些为满足基本的生理需要所花费的时间,包括吃饭、睡觉、健康以及个人卫生的时间,尽管有人认为吃饭是一种休闲时间的活动,至少在发达国家是这样(Hamermesh, 2010; Jastran et al., 2009)。合同时间指的是创造收入的时间,而承诺时间指的是由于此前的人生选择而导致的个体必须完成的任务所花费的时间(Kalenkoski & Hamrick, 2013),例如结婚或生孩子,这些活动往往被称作无偿工作或者家庭生产。休闲时间指的是在一天的24小时里或者一周的168个小时里,减去上述其他类型的时间之后剩下的时间。

尽管艾斯(A's, 1978)和格尔舒尼(Gershuny, 2011)致力于解决在幸福感领域的文献中提出的关于工作和休闲的区分问题(Folbre, 2009),最终,关于时间贫困的所有测量都将不同的时间区块整合为所谓的必须时间(即有偿工作加无偿工作,或者必须时间加合同时间再加承诺时间)和自由支配时间,即减去上述时间后剩下的时间(即剩余时间)。需要再次提醒的是,我们并没有考虑特定时刻时间的质量,而是考虑了这个时刻的时间所从事的活动的主要目的是什么。有些人关注的是必须时间或承诺时间并且强调那些超过临界值的人,而有些人关注的是自由支配的时间,强调的是那些处于极低水平的人们。这些方法从本质上来讲是等价的,因为自由支配时间是24小时或168小时减去必须时间。

一旦活动被划分为必须时间和可自由支配时间,所关注的时间类型就会被拿来与特定的临界值进行比较。这个临界值允许我们去识别哪些人自由支配时间不足或者哪些人将过多的时间分配在了有偿工作和无偿工作上。研究者可能会关注个体花费在所谓必需的活动上的时间是否超过了"严格的必需"的水平(Goodin et al., 2005)。临界值的划定将决定哪些个人或家庭被认为是时间贫困的,以及时间贫困率在某些群体中是不是会比其他群体更高一些。

(三) 时间贫困的绝对阈值

如何确定临界值取决于研究者所关注的时间本身。例如哈维和摩克波提耶 (Harvey & Mukhopadhyay, 2007) 对维克里 (Vickery, 1977) 进行了校正,他们都关注的是将可分配的时间 (T_A) 与实际分配给有偿工作的时间 (T_w) 的比较。如果可分配的时间少于实际用于有偿工作的时间,那么该个体被认为是时间贫困的。可分配的时间指的是预计可以用于有偿工作或者用于休闲娱乐的时间。换句话说,这里所关注的是休闲时间是否为负:

$$T_L = T_A - T_W$$

可分配时间的构建方法是从一周的168个小时里减去两个外部的标准:一个标准 (T_N) 代表的是个体保持他或她的心理和生理健康所需要的必要时间 (Vickery, 1977),另一个标准 (T_1) 指的是个体贡献于家庭所需要的时间,该时间会受到家庭构成的影响,因为不同的家庭构成所需要的时间会彼此不同:

$$T_A = 168 - T_N - T_1$$

将所有上述时间组块合并在一起,如果:

$$168 - T_W < T_N + T_1$$

则个体被认为是时间贫困的 ($T_L < 0$)。

这个不等式意味着一周所有的时间减去用于工作的时间如果小于一个人维持身心健康所必需的时间加上个体需要贡献于家庭的时间,那么就说明该个体是时间贫困的。换句话说,时间贫困者指的是那些因为将过多的时间分配给了有偿工作以至于难以维持个人的身心健康和家庭的良性运转的人们。

维克里（Vickery，1977）、哈维与摩克波提耶（Harvey & Mukhopadhyay，2007）在推导必要的个人时间的时候有些细微的不同。基于来自密歇根的早期的时间使用调查，维克里估算一个人每天分配给核心必要任务（包括睡觉、穿衣、吃饭、个人卫生等）的平均时间是10.2小时，或者说每周71.4小时，此外，她对必需的休闲时间的估计是每周10小时（$T_N=81.4$）。哈维和摩克波提耶对必须时间标准的估计是基于1998年加拿大时间使用调查，该调查发现人们每天分配给必要任务的时间平均为10.5小时，在此基础上，他们人为增加了每天两小时的必要的休闲时间，这样就得到每周$T_N=87.5$小时。类似地，对于每个人而言用于家庭维护的最少时间标准也是基于调查数据中分配给准备饭、打扫卫生、居家购物、照顾孩子等，以及其他维持家庭正常运转的活动的时间。哈维和摩克波提耶使用了有至少一位成人报告操持家务是他们的主要工作的家庭的平均数（这些家庭具有相同的家庭构成）作为家庭维护时间的标准，而维克里认为应该使用全职工作的女性分配给家庭维护的时间的平均数作为家庭维护时间的标准。他们最终得到的时间标准，对于有2—3个孩子的单亲家长而言，维克里的标准是个体贡献于家庭的时间$T_1=61$小时/周，而哈维和摩克波提耶的标准是$T_1=57.3$小时/周。

最终得到的T_N+T_1的值代表的是绝对时间贫困的临界值，而贫困的临界值会因为家庭构成的不同而不一样，时间贫困的临界值也会因为家庭构成的不同而不同。绝对的时间贫困临界值的一个内在假设是：个体存在一个最低的对于时间的需求水平，用于保持身心健康、个人卫生和家庭维护。这个假设似乎对于先前文献的依赖不像美国收入贫困临界值那么大。例如，在杜希特（Douthitt，2000）对维克里（Vickery，1977）的更新中，维克里原本设定的时间阈限为24小时减去用于睡觉和个人维护的 11.5 小时（即 T_N = 11.5 小时/天，或 80.5 小时/周），并且每天 2 小时用于家庭生产（例如做饭、打扫卫生、洗衣服、照顾孩子等）或者被称为 T1 的最小取值。一旦确立了睡觉、个人护理和家庭维护的最低阈限值，同样的标准在理论上可以用于随后的研究，正如关于收入贫困的最初阈限值在 1964 年确定后就一直保持到了现在。但是，在实践中，随后的研究者并没有沿用维克里（Vickery，1977）的时间阈限。即使是杜希特（Douthitt，2000），尽管在很大程度上遵循维克里的设定，依然基于一个更详细的关于时间使用的问卷结果对 T_1 进行了更新。

（四）时间贫困的相对阈值

时间贫困阈值设定的另外一种研究方法，类似于相对收入贫困的测量方式。与上述对于个人护理、睡眠、家庭维护等方面维持生存所需要的时间进行一系列假设的思路不同，相对时间贫困的测量首先对于所感兴趣的时间类型进行界定，然后基于所感兴趣的那种类型的时间在总体中的观察数据的分布来确定极低水平的标准。例如，比特曼（Bittman，2002）关注了休闲时间，然后对时间贫困的定义是在他的样本中用于休闲的时间等于或者低于中位数的 50% 的那些人。而斯平尼和米尔沃德（Spinney & Millward，2010）关注的是必须时间（合同时间和承诺时间），于是他对时间贫困的定义是在 2005 加拿大一般社会调查数据库中等于或者超过 150% 必须时间的人们。布尔查尔德（Burchardt，2008）使用英国 2000 年时间使用调查数据中自由支配时间的中位数的 60% 作为时间贫困的临界值。

卡勒蔻丝凯等人（Kalenkoski et al.，2011）、卡勒蔻丝凯和哈姆里克（Kalenkoski & Hamrick，2013）是使用相对时间贫困测量方法的先驱。他们基于 2003 到 2006 年的美国时间使用社会调查数据，生成了一系列时间贫困的临界值，采用可自由支配时间中位数的 50%、60%、70%（从 24 小时中减去必要时间和承诺时间之后）作为总体的时间贫困线；此外，他们还为各种家庭结构、收入类型，以及雇佣情况不同的群体，都生成了相应的时间贫困线。在已有的研究中，大多数学者使用的是样本总体中位数的 60% 作为阈限，将受雇佣和未受雇佣的、单亲家庭和家庭主妇、有孩子没孩子的等都合并在一起。使用这种比较宽泛的方法，他们发现，影响时间贫困最大的因素是雇佣状态和孩子的状态。家庭中的成人个数的影响虽然显著但并不大，而收入对时间贫困的影响在很大程度上会受到家庭结构的影响。卡勒蔻丝凯和哈姆里克（Kalenkoski & Hamrick，2013）采用同样的时间贫困界定方法研究了时间贫困和进食行为以及身体锻炼之间的关系。

（五）绝对时间贫困和相对时间贫困测量方法的优势和不足

与相对收入贫困一样，相对时间贫困将贫困的临界值与一个变化的指标联系在一起，这个指标反映了一个社会中的生活标准。使用可自由支配时间或休闲时间的整体分布中位数的一定比例作为时间贫困的临界值，这种方法允许生活的标准可以随着国家与社会中技术、规范、退休年龄、预期寿命以及失业的变化而变化。随着生活标准的变化，这种相对的时间临界值可能很快不再能够代表对于幸福生活关键的自由时间的水平了。如果一个社会中的大多数人都长期觉得需要投入更多的时间在工作以及其他必需的活动中，那么可支配时间中位数的 60% 会变得越来越小。

当分析者试图将不同的生活标准应用于不同的子群体时，相对时间贫困的临界值选择变得更加复杂。基于那些未受雇佣的人的标准，那些受雇佣的人们是否应该被评价为时间贫困？或者反过来？使用基于多个成人所组成的家庭的标准，会导致那些只有一个成人的家庭更高的时间贫困率。

在那些通过对人们的日常活动进行分类，减去花费在所有必须活动上的时间之后进行时间贫困阈值确定的方式中，对50%、60%还是70%的选择也显得比较主观。对选择60%这个比例的合理化的理由非常有限，往往会提及这个比例经常用于其他的时间贫困的测量中，以及这个比例也经常用于收入贫困的测量中。例如，布尔查尔德（Burchardt，2008）对于选择时间贫困临界值的引入时指出，一个经常使用的收入贫困的相对临界值是收入的中位数的60%；相应的，对于时间贫困的阈限值是自由时间中位数的60%。因为60%在过去的研究和实践中被更多的选择使用，因此这一比例基本得到了公认。

相反，绝对贫困假设，无论什么样的人什么样的家庭，总存在必须分配给一些关键活动的最低值。在后来的研究中使用与早期研究所确定的绝对时间贫困线相同的标准，意味着人们相信基本的必须时间的类型和需求是稳定不变的，即使伴随着科技的发展很多节省时间的工具被开发出来（例如洗衣机）。维克里（Vickery，1977）、哈维和摩克波提耶（Harvey & Mukhopadhyay，2007）在讨论 T_1 的时候都假设这个指标的计算是基于不使用机器设备的前提下估计的。比如，做饭是从零开始的，等等。但是，在他们的样本中其实不太可能存在这样的家庭，不使用任何机器完成日常家庭的维护。因此，对于家庭维护基本活动的构成及其所需时间的假定是非常主观的。

回顾一下，美国收入贫困线是依赖于美国农业部开发的维持基本生存的食物预算，以及基于研究所发现的一个家庭一般用于食物的花费占家庭预算的比例进行估计的。那么，对于绝对时间贫困的方法而言，一个重要的问题似乎在于如何确定临界值，以及如何平衡基于科学的标准（例如，睡眠时长）以及更多受社会规范所影响的成分（例如，必要的休闲）。如果要长期使用，一个可以接受的绝对时间贫困的定义可能需要体现时间节省技术带来的好处，因为时间节省技术无疑可以减少用于家庭维护的时长，从而使得更多的人变得不再时间贫困。

（六）对时间贫困进行测量的意义

我们认为，开发一个有关时间贫困的测量工具非常必要。这样的工具可以配合收入贫困一起用于识别那些由于拥有过少的资源（时间或者金钱）而阻碍他们追求幸福的人们。时间和金钱都是人们获得幸福的稀缺资源。正如收入贫困经常被用于识别那些有较高风险可能会出现不良的健康、教育、社会、情感以及道德后果的群体一样，一个时间贫困的测量工具有助于我们去识别和考察那些尽管他们的收入是高于收入贫困线的，但是他们依然是有风险的人群。

我们相信时间贫困在政策研究和评估以及干预的设计中扮演着重要的角色。旨在增加时间贫困者的可自由支配时间的政策，就像那些旨在提高收入贫困者的收入的政策一样，将会给贫困的个体和家庭带来很多短期和长期的影响。

（七）关于时间贫困的已有研究

传统上，研究者是通过采用问卷法或时间日志法来考察人们如何花费时间从而开展对时间贫困的研究的（Bianchi, Casper, et al., 2006; Gerson & Jacobs, 2004; Hamermesh & Lee, 2007; Mattingly & Sayer, 2006; Robinson & Godbey, 2010; Robinson, 2013; Robinson & Godbey,

2005；Robinson & Tracy，2016；Schor，1991；Zuzanek，2004b）。

大规模时间使用调查通常是由政府机构进行的大规模调查，回顾性地询问人们的工作时间（前一周工作了多少小时，每周通常工作多少小时）。时间日志法不仅系统地研究了工作时间，而且还研究了人们如何分配他们的所有时间；具体来说，它评估了个人在一天24小时内几乎每一分钟所做的事情（Juster & Stafford，1985；Robinson & Godbey，2010；Szalai，1972）。从大规模的问卷调查和时间日志法研究（Horrigan & Herz，2004；Statistical Office of the European，2004）中可以获得大量的信息，无论是在国内还是在国际比较中，都是关于人们的工作时间和他们在24小时内做什么的。例如，欧洲共同体统计处（Statistical Office of the European，2004，2006）组织定期进行基于时间日志法的国家和国际间比较时间使用调查。在美国，美国人时间使用调查（American Time Use Survey，ATUS）是由美国劳工统计局每年进行的电话采访（Horrigan & Herz，2004），测量人们在各种活动上花费的时间。ATUS与美国人口普查局进行的月度人口调查（Current Population Survey，CPS）相结合。由马里兰大学进行的美国人时间使用项目（Americans' Use of Time Project），自1965年以来一直在收集每十年一次的单日时间日志数据（Robinson & Godbey，2010）。

时间日志法的研究者将时间的分配分为四种类型（Gershuny，2003；Robinson & Godbey，2010）。第一类是有偿工作时间或合同时间，其中也包括上下班的时间。第二类是承诺时间，包括家务、照顾孩子、购物等，也被称为无偿工作时间。第三类指定用于生理性的自我维护的时间：包括用于睡觉、吃饭和打扮上的个人时间。第四类包括所有剩余的时间，也可以被称为自由时间或可自由支配的时间，包括广泛的活动，从媒体娱乐、自我提高到"什么都不做"，即我们经常界定为"休闲"的自由时间。与其他三个类别的时间相比，大多数人认为这类时间的分配更像是一种"选择"，因为它更受个人的意志控制。因此，这种时间分配模式使用了时间的"零和"属性，创造了四种相互排斥的类别，构成了我们每个人每天可用的24小时。

在过去的几十年里，美国人的工作时间与自由支配时间的变化在美国引起了越来越多研究者和公众的兴趣。这个问题被肖尔（Schor, 1991）的《过度工作的美国人：休闲时间的意外减少》一书所关注，该书认为自20世纪60年代以来，美国人花在工作上的时间大大增加。肖尔在得出结论时，主要依靠的是对上述"当前人口调查"中的调查数据进行的二次分析。她还提出证据表明，美国人的带薪和无薪假期以及休假时间也在缩减，使他们每天和每年可自由支配的时间比他们的西欧同行少得多。肖尔的论断似乎证实了公众正在经历的时间贫困，激发了公众和学术界的辩论（通常被称为"工作—生活"或"工作—家庭"平衡），并产出了大量相关的出版物。与肖尔相反，罗宾逊和戈比（Robinson & Godbey, 2010）利用时间日志数据发现，美国人每周的工作时间基本上没有变化，而且他们的自由支配时间在过去20年中实际上有所增加。然而，他们还发现，在1965年至1992年期间，报告因时间短缺而感到匆忙和压力的人数显著增加。

尽管对实际使用时间的趋势得出了相互矛盾的结论，例如，自20世纪60年代以来人们的空闲时间是否发生了变化，人们现在花在工作上的时间比过去多还是少，这些方面存在争论（Aguiar & Hurst, 2009; Gerson & Jacobs, 2004; Hamermesh & Lee, 2007; Mattingly & Sayer, 2006; Robinson & Godbey, 2010; Schor, 1991; Zuzanek, 2004b），但对于时间的主观感知的研究结果已经不怎么有争议了。例如，研究表明，

1965年至20世纪90年代初期，认为自己总是感到匆忙的美国成年人的比例逐渐上升，从约四分之一增加到三分之一以上（Mattingly & Sayer, 2006; Robinson & Godbey, 2010; Robinson & Godbey, 2005），这一比例在之后的十几年间保持平稳（Hamermesh & Lee, 2007; Robinson & Godbey, 2010; Robinson & Godbey, 2005），然后再次下降到几十年前的水平。有研究人员担心，这一趋势仅仅代表人们对更快的生活节奏的适应（Robinson, 2013; Robinson & Tracy, 2016）。然而，尽管主观感知到的时间压力会随着时间的推移而有所增强或减弱，但目前的情况是，有相当一部分人仍然自称感到时间紧迫和缺乏足够时间（Aumann & Galinsky, 2009; Matos & Galinsky, 2011; McNeil, 2016; Newport, 2012; Robinson, 2013; Robinson & Tracy, 2016）。例如，一项全国民意调查中，近一半美国人表示他们没有足够的时间做自己想做的事（Newport, 2012）。还有调查发现，约三分之二的美国人说他们总是或有时感到匆忙，还有一半美国人说他们几乎从不觉得自己有时间（Robinson, 2013）。

时间使用调查和日志法研究的另一个重要贡献是洞察谁最容易经历时间贫困。尽管没有任何一个群体不会受到时间贫困的影响，但在某些群体中时间紧迫的感觉则更为普遍。例如，女性、双职工夫妇、在职父母和受过良好教育的专业或管理人员，这些人更容易感到时间贫困（Aguiar & Hurst, 2009; Bianchi, Casper, et al., 2006; Bianchi, Robinson, et al., 2006; Gerson & Jacobs, 2004; Matos & Galinsky, 2011; Mattingly & Sayer, 2006; Robinson & Godbey, 2010; Zuzanek, 2004b）。此外，尽管所有收入水平的群体都面临着时间压力，但富人往往特别容易感到时间紧迫（Hamermesh & Lee, 2007; Sullivan, 2008）。放眼全球，有研究表明美国人比生活在世界其他地方的人感到更严重的时间贫困（Gerson & Jacobs，2004；Hamermesh & Lee，2007；Robinson & Godbey，2010）。在西方和/或技术先进的社会中人们同样报告了感知的时间贫困。例如，来自加拿大、澳大利亚、俄罗斯、日本、韩国、挪威和德国的研究表明，生活在这些国家的人们面临着总是感觉匆忙、生活节奏加快以及时间不够用的问题（Eriksen，2001；Garhammer，1998；Hamermesh & Lee，2007；Menzies，2005；Pocock，2001；Robinson & Godbey，2010；Steger，2006a；Zuzanek，2004b）。

对于文化与时间的关系，研究发现，在时间被视为一条直线并且人们沿着这条直线前进的文化中，生活节奏更快，感觉时间更稀缺，人们通常让外部时钟决定何时开始或结束任务。相比之下，在时间被视为循环的文化中，生活往往不那么匆忙，感觉时间更充裕，相同的事件根据某种循环模式重复进行，人们计划任务时是相对于其他任务进行的（当人们内部感觉到一个任务完成时就会过渡到下一个任务）（Graham，1981；Jones，1988；Lauer，1981；Levin，1997）。这一系列研究表明，如何看待时间本身的文化差异可能会影响人们对时间充裕程度的看法。

在过去的几年里，关于"工作过度的美国人"的争议已经让位于试图调和明显矛盾的发现与更微妙复杂的分析和解释（Bianchi & Raley，2005；Bianchi, Robinson, et al.，2006；Gerson & Jacobs，2004）。学者们得出的一些更实质性的结论包括：（1）尽管在过去40年里，每天或每年的平均工作时间没有明显变化，但某些群体，如担任管理职位的高学历者、双职工夫妇、双职工父母和单亲父母，其合同时间都有了显著增加；（2）由于忽略了子群体间的巨大差异，从大规模调查和时间日志中得出的工作时间的统计平均值几乎没有意义；（3）国际比较表明，美国人（整体和子群体）比其他技术先进国家或地区的人工作时间更长，休假时间更少（如澳大利亚、加拿大、欧盟）。此外，已有的研究争论通过将当代人的时间贫困的主观体验推上台面，还强调了问卷法和时间日志法在探索时间贫困方面的方法优势和弱点。

虽然调查法和时间日志法已经被开发出来用于评估时间的使用，而且这些（主要是回顾性的）自我报告法的限制是众所周知的（Gershuny, 2003; Gerson & Jacobs, 2004; Robinson & Godbey, 2010），时间日志研究是一个很有潜力的时间研究方法，不仅可以了解人们用他们的时间做什么，而且可以了解他们对时间贫困的体验（Gerson & Jacobs, 2004; Robinson & Godbey, 2010）。所有积累的经验数据可以为时间贫困的时间短缺维度提供证据。例如，这些数据可能显示，在过去的40年里，某个特定的人口群体或职业群体的年工作时间或合同时间有了明显的增加。这种时间分配的变化表明，该群体中的人们减少了其他三类时间（承诺时间、个人护理时间和自由时间），这反过来可能会导致人们形成时间贫困的感受。

其他研究人员（Hirway, 2010）已经开展了时间使用调查，对男性和女性在特定时期的时间使用情况进行了全面的定量概述，例如捕获通常被排除在传统调查之外的工作形式（即无偿工作或通常由女性承担的工作，如一边做饭一边照顾孩子）（Hirway & Charmes, 2008）。虽然时间使用调查提供了对人们生活质量及其时间贫困经历的认识，但还远远没有完全制度化，而且往往不包括主观测量，特别是在发展中国家的调查。

问卷法和时间日志法的方法中也可以插入关于主观时间体验的提问。例如，关于"匆忙感"和所经历的与时间有关的"压力"水平的提问已被纳入美国人使用时间项目的后续版本（Robinson & Godbey, 2010）。类似的提问预计也会被纳入下一版本的美国时间利用调查中。

即使是通过一些插入的提问，以及电话对体验细节的跟踪，也可能发现时间贫困中被催促感部分的重要证据，以及时间短缺和被催促感之间的区别。正如罗宾逊和戈比（Robinson & Godbey，2010）所指出的，他们的时间日志数据清楚地表明，美国人的工作时间并没有延长；相反，他们比以前有更多的自由支配时间。改变的是人们在日常活动所处的时间条件已经相当不同。1992年，每3个美国人中就有1个以上报告说他们总是感觉很匆忙，而且美国人认为他们的时间已经不多了，因为生活节奏正在加快；正是紧张的生活节奏和匆忙的体验导致了对工作时间的看法。因此，时间日志研究可以提供证明，感受到的时间短缺和主观的匆忙体验是时间贫困的两个主要组成部分的证据。因此，为了更好地了解个人、夫妻以及家庭的时间贫困所涉及的内部心理过程，还需要对被催促感的部分进行更多的研究。

一个从事两份工作以养家糊口的工人，可能会报告严重的时间贫困（我从来没有时间和我的孩子或爱人说话。我甚至不记得我最后一次坐下来放松是什么时候了），因为他每周花在工作上的时间达到75小时。一位公司高管，每周花同样的75个小时工作，他可能认为工作时间是令人兴奋、有价值且规范的；他说的"我没有时间，我们这里太忙了"可能表明时间短缺，但也可能带有自豪感的色彩。另一位员工可能会说，虽然她的工作时间在过去15年里没有变化，但工作节奏、强度和每天要完成的任务数量却大大增加："我做任何事情都没有足够的时间。我总是奋力追赶工作进度。当我回到家时，我已经筋疲力尽，感觉像一具僵尸"。时间日志中花了一小时在购物或家务上的记录并没有显示这个任务是否完成（我从来没有时间完成）或者购物是否悠闲。一个人报告说他每晚有六个小时的个人睡眠时间，但这并不表明这个睡眠量是否足够，或者是否由于工作上的义务而经常缩短睡眠时间，或者是否由于在空闲时间上网而缩短睡眠时间。每个家庭成员可能都有足够的自由支配的时间，但由于不同的义务、日程安排和活动，家庭仍然可能经历时间贫困，并报告说"我们每周在一起的时间不超过几分钟"。

在个人认知和解释的框架内，上述例子的共同主线是关注于对日常生活的时间分配的时间贫困的主观体验。一个人可能会体验到时间是不够分配的，或者根本没有时间去做一项需要做的活动（即强制性的、必须的、属于自己工作或职责的活动）或自己想做的活动（即选择）。这种体验可能发生在任何一个时间类别中，任何一个类别的时间分配变化都会产生连锁反应。然而，在时间日志中需要插入更多关于主观体验、关于匆忙的题目，因为有关不同类型时间使用长度的标准条目不能反映人们的工作强度以及人们在进行各种活动时的感受（Gerson & Jacobs, 2004）。正如前面所讨论的，罗宾逊和戈比（Robinson & Godbey, 2010）强调了美国人客观和主观世界之间的差距；虽然他们的结果表明客观上的工作时间减少，自由支配时间增加，但主观体验的反应在追求"更多"的过程中经历了极快节奏的匆忙和压力。为了深入探索这种内部心理，需要在时间日志法中增加可以更加直接评估时间贫困主观体验来增强效果。

（八）时间贫困研究方法的改进

问卷法和时间日志法的研究者们早就认识到了自我报告和回顾性数据的局限性，并强调了挖掘短暂的、正在进行的时间使用体验的重要性（Gershuny, 2003；Gerson & Jacobs, 2004；Robinson & Godbey, 2010）。在过去的30年里，自我报告和回顾性报告的使用和局限性，以及获取内部事件和过程的多种方法的发展一直处于方法论研究的前沿，最终发展出生态瞬时评估（Ecological Momentary Assessment）这一方法（Stone et al.，2007；Stone，1999）。生态瞬时评估被定义为对包括生理事件在内的所有瞬间现象的评估，侧重于心理学、医学、教育等方面的实时数据收集。在这里，系统地评估与时间贫困直接相关的个人主观世界的方法学发展是研究重点。

契克森米哈伊和他的同事（Csikszentmihalyi & Larson，2014；Hektner et al.，2007）开发了经验取样法（Experience Sampling Method，ESM）来加强时间日志法并考察个人对他或她一天中的情绪状态的主观解释（Schneider et al.，2004）。除了收集标准的时间日志数据外，被试通常会在一天中的随机时间被联系或通过电子手段（电话、BP机、手表闹钟、PDA）提醒。在出现提醒或被联系时，被试要描述他或她的精神状态、感觉、认知等，或完成准备好的简短的评分表，从而提供实时的自我体验报告。尽管这种方法仍然带有自我报告所固有的心理测量的局限性，而且经验取样法测量的是当事人决定报告的他或她的内心状态（Hektner et al.，2007），但ESM已经被证明是评估内在体验的一种非常可靠和有效的方法。从发展和家庭研究到教育和临床应用，ESM已经得到了广泛的应用。

施奈德等人（Schneider et al.，2004）关于养育子女的压力的研究是一个在与时间贫困相关的主题上使用经验取样法调查的很好的例子。结合传统调查、经验取样法和深度访谈，他们研究了工作的父母所经历的压力，并且对比了经历高压力和低压力的父母。结果表明，父母的压力并不像一般公众意见和全球评级所显示的那样大。使用ESM和访谈的结果也显示了易受压力影响的重大个体差异。研究中的高压力个体呈现出"疲惫工人"的形象，他们感到疲惫不堪，即使在压力较小的情况下也无法恢复。这些发现突出了经验取样法（和访谈）的优势，即在一个相对较大的样本（204个家庭）中提供精细的个体现象学报告，大大增强了我们对压力过程的了解。相反，施奈德等人（Schneider et al.，2004）的调查也说明了揭示主观体验所需的密集和耗时的方法。然而，他们的方法可以作为时间贫困实证研究的一个模型。

昨日重现法（Day Reconstruction Method）（Kahneman et al.，2004）的发展代表了生态瞬时评价的另一个进步。在经验取样法的优势基础上，认识到其由于费用、时间和对参与者的要求而产生的局限性，昨日重现法是一份需要在一小时内完成的问卷，提出了一种新的混合方法，它结合了时间使用研究和再现情感体验的技术（Kahneman et al.，2004）。昨日重现法通过让人们系统地重现前一天的活动，以及与这些活动相关的情感和认知体验，来评估人们如何花费他们的时间以及他们在各种活动和环境中的体验。昨日重现法的受访者首先通过构建一个由一系列事件组成的日记来恢复对前一天的记忆。然后进行经验抽样：通过回答有关当时情境的问题以及关于他们从事特定活动时的情绪体验，目的是对与活动相伴随的体验以及当时环境的准确刻画。唤起前一天的场景是为了引起具体和最近的记忆，从而减少回忆的错误和偏差。经验取样是与昨日重现结果相比较的黄金标准；昨日重现旨在重现通过实时探测经验而收集的信息。新方法比经验取样法更有效：它给受访者带来更少的负担；不干扰正常活动；对一整天的连续事件进行评估，而不是对一些时刻进行抽样。最后，昨日重现提供了时间预算信息，而该信息在经验取样中是无法有效收集的。

已有研究表明，昨日重现可能与经验取样法在准确的情绪回忆方面的效果相近。昨日重现也可以很容易地适用于任何对时间日志数据和经验抽样都很重要的研究领域，并与之相结合。例如，斯通等人

(Stone et al.，2007）的一项研究证明了昨日重现法可用于研究情绪在一天的不同时刻的变化规律。然而，仍需要更多的心理测量学信息来评估昨日重现的反应和经验抽样之间的对应关系。

第三章 时间贫困的原因

本章主要是分析时间贫困的原因。我们关注导致时间贫困的社会、制度、组织和内在因素,基于此,我们解释了为什么决策者、公司和个人往往忽视或加剧时间贫困。

一、时间贫困的社会驱动因素

社会上有两个重要的变化导致了时间贫困的增加(Rosa, 2003)。首先,塑造时间的社会结构的变化加快了生活的速度(Rosa & Trejo-Mathys, 2013)。家庭结构不再稳定:离婚越来越多地打断了家庭结构(Raley & Sweeney, 2020)。职业不再代代相传:人们现在平均换工作11次(Bidwell et al., 2013)。其次,互联网和手机为人们提供了无限的体验和"一辈子过多种生活"的机会(Rosa, 2003; Rosa & Trejo-Mathys, 2013)。因此,人们越来越担心错过,这种担心增加了时间贫困的感觉(Rosa, 2003)。

随着时间的加速,工作性质的变化及其与时间的关系加剧了时间贫困(Williams, 1999)。马克思(Marx, 1975)认为劳动应该以工作时间而不是产出来评估。尼兰德(Nyland, 1989)指出,21世纪的员工需要在更短的时间内完成越来越复杂的任务。更为现代的理论则认为，工作是以任务而非时间为导向的，因此人们会因完成的任务数量而得到奖励（Thompson, 1967）。最近的宏观经济变化，如全球市场和"24-7经济体"的出现，使得以任务为导向的工作，特别是白领工作变得越来越复杂和充满竞争（Presser, 2005）。在这些情况下，实际绩效很难评估（Blair-Loy & Jacobs, 2003; Cha & Weeden, 2014），但生产率的微小差异可能转化为薪酬的巨大差异。因此，"赢家通吃"的晋升模式层出不穷，在这种模式下"理想员工"只能通过长的工作时间来显示他们的忠诚、敬业奉献和生产力（Cha & Weeden, 2014; Marx, 1990; Presser, 2005; Sharone, 2004）。偏离"理想员工"标准的员工被边缘化或视为失败的员工（Kuhn & Lozano, 2008）。这些增加的工作时间期望促成了时间的加速，从而增加了时间贫困。

我们近期所做的一项系列研究表明，时间贫困还可能是日益加剧的收入不平等的社会结构的结果。即在收入不平等加剧的社会大环境下，人们为了获得更高的经济地位投入更多时间和精力于工作，这导致了社会上人们时间贫困的普遍感受。针对这个问题，我们进行了三个研究：研究一基于中国家庭追踪调查问卷（China Family Panel Survey, CFPS）和美国时间使用调查（ATUS）两个大型档案数据探索收入不平等对时间贫困的影响，结果一致发现，收入不平等越严重，人们工作时间越长，越容易感到时间贫困；研究二采用问卷调查的方法；研究三采用操纵收入不平等的实验法，共同验证了收入不平等对时间贫困的正向影响及感知竞争在其中的中介作用。研究支持了，在收入不平等日益严重的背景下，人们感知到的竞争会更强烈，由此人们投入更多的时间在工作中，导致没有足够时间完成自己想做的事的感受愈发强烈。

二、时间贫困的组织驱动因素

组织、政府和非政府组织有意无意导致其成员感到时间紧迫。在私人和公共组织中,时间贫困有两个核心结构性来源。

首先,组织创造了不必要的空闲时间,定义为员工无法完成工作任务时的非自愿停工期。根据最近针对 29 个职业的 1000 多名员工(包括律师、经理和士兵)进行的调查,超过 78% 的员工报告说他们在会议、任务和其他职责之间无所事事(Brodsky & Amabile, 2018)。这些空闲时间每年造成超过 1000 亿美元的工资损失。此外,当组织成员预计会有空闲时间时,他们也会放慢工作节奏。这是因为人们害怕无所事事(Hsee et al., 2010)和无聊(Csikszentmihalyi, 2000; Fahlman et al., 2009)。与此相关的是,组织越来越多地将员工的时间浪费在琐碎的管理任务上,而这些任务对于工作中的主要角色来说并不是核心或必要的(Graeber, 2018)。在一项对 4720 名美国医生进行的全国调查中,医生平均每周花 8.7 小时处理账单和记录等行政事务,而这些时间负担在过去十年中增加了 20%(Woolhandler et al., 2003)。根据一组详细的质性访谈(Porter & Nohria, 2018),即使是对自己的日程有控制权的成熟组织的首席执行官,也只花了 43% 的时间从事"与完成使命直接相关"的活动。当从事次要任务时,组织成员会被提醒他们需要做的所有中心任务,这会增加他们的目标冲突感,进而增加他们的时间贫困感(Etkin et al., 2015)。

其次,组织通过强加各种会议和社会义务来分割员工的时间。一项针对美国上班族的详细研究结果显示,一个典型的工作日由 88 个"小片段"(即从一项任务切换到另一项任务)组成,小片段的平均持续时间不超过10分钟（Wajcman & Rose, 2011）。任务转换和中断会增加时间贫困，因为它们会随着时间的推移削弱员工的控制感（Peters & Raaijmakers, 1998）。组织成员的应对策略往往适得其反：他们往往会加快工作节奏，缩短在任何一项活动上花费的时间，或者进行多任务处理。反过来，这些策略往往会进一步增加时间贫困感，降低生产率（Etkin & Mogilner, 2016; Malkoc & Tonietto, 2019）。分散的时间会影响绩效，因为"注意力残留"会从一项任务转移到另一项任务：员工需要时间停止思考一项任务，然后才能将注意力完全转移到下一项任务（Leroy, 2009）。

三、时间贫困的制度驱动因素

政府还通过两种主要方式造成时间贫困。

首先，为了获得必要的许可证、执照、减税、补贴、教育援助和医疗福利，公民必须填写表格，前往政府办公室并排队等候。在认识到潜在的福利成本后，1980年美国国会通过了《减少文书工作法案》，以限制强加给公民和企业的行政文书要求。1995年对该法案进行了修订，更加强调了降低低效的文书工作的必要性。尽管采取了这些举措，但文书工作的负担仍在加重。2015年，联邦政府的文书工作让美国公民损失了97.8亿小时（Sunstein, 2018），相当于损失2150亿美元的工资。2019年，负责监督政府法规实施的美国信息和监管事务办公室估计，文书工作负担已增加到116亿小时。

对政府经济项目的独立评估表明，行政文书工作的负担不成比例地落在穷人身上，对这些项目旨在帮助的人造成了损害（Schanzenbach, 2009）。例如，符合劳动所得税抵免条件的中低收入公民需要填写冗长复杂的申请表，并提供大量文件，如所有费用（如租金和食品杂货等）的记录。同样，要获得医疗补助，家庭必须填写完长达24到31页的资格文件。许多家庭没有时间满足这些要求，最终错过了他们本有资格享受的福利。来自州儿童健康保险计划的数据显示，24%的医疗补助重新登记申请因文件不正确而被拒绝（Hill & Lutzky, 2003）。

其次，公民的通勤时间越来越长（Kneebone & Holmes, 2015）。在全球范围内，民众平均每年花300小时往返于工作和家庭之间，这大约占他们总工作时间的10%（StatExtracts, 2014）。与文书工作负担类似，通勤时间在收入中的分布也不均衡。美国哥伦比亚特区收入分析办公室进行的人口普查数据显示，低收入工作成年人每周的通勤时间比高薪劳动者多120分钟（Moored, 2015）。政府往往会加剧这些差异，因为它们无法在城市中心提供负担得起的住房选择，而城市中心是大多数就业岗位所在地。较长的通勤时间减少了寻找更好的工作（Garrett & Taylor, 1999）和完成非工作活动（Kutateladze & Lawson, 2017）的时间，并且与较低水平的社会资本（Besser et al., 2008）、身体健康（Dinu et al., 2019；Gordon-Larsen et al., 2009）和生活满意度（Hilbrecht et al., 2014）相关。在一项针对3409名加拿大公民的研究中，花在通勤上的时间越多，时间贫困感也越强（Hilbrecht et al., 2014）。

上述证据说明了增加时间贫困的组织和制度因素的类型。在下一部分中，我们认为还有一些心理因素会阻碍人们认识到时间是一种重要的资源。这些因素有助于解释为什么决策者以及组织和非营利组织的领导人常常忽视和加剧时间贫困。

四、时间贫困的内部动因

首先，相对于金钱，人们往往低估自己的时间的价值（Woolley &

Fishbach，2015）。韦德曼和邓恩（Weidman & Dunn，2019）在6项研究和4690名受访者中发现，只有48%的受访者表示喜欢有更多的时间，而不是更多的钱。这一效应甚至在样本中的大多数时间贫困人群中都存在：有孩子在家的已经工作的父母。当专家代表他人做出决策时，低估时间价值的倾向也很明显。在一项预研究中，威廉斯（Whillans）和韦斯特（West）询问了哈佛大学肯尼迪政府学院30位现任的和有抱负的决策者，问他们将如何分配2100肯尼亚先令，以改善生活在非洲基贝拉的职业女性的福利。只有6%的受访者自发地表示，他们会用这笔钱为女性节省时间。当受访者明确在三项政策计划中做选择（无条件现金转移计划、实物计划或省时计划）时，只有四名受访者（13%）选择省时计划，87%的人选择现金。因此，时间贫困可能被忽视，因为人们往往更关注物质资源而不是与时间相关的资源。

其次，相对于金钱而言，人们对时间的微小损失不那么敏感。例如，菲茨詹姆斯等人（Festjens et al.，2015）发现，当损失较大时（12个月对18000美元），人们对时间的损失更加敏感。然而，当数量较少时，人们对时间损失的敏感度就会降低（60分钟对12美元）。这项研究表明，只有当时间成本很大时，人们才倾向于关注时间成本，这或许可以解释为什么时间贫困每天都会被忽视，并可能在几天内累积。

这两个心理因素有助于解释为什么社会、制度和组织因素系统地导致了时间贫困。事实上，低估时间价值的趋势可以解释为什么以长时间工作为特征的"理想工作者"标准盛行，以及为什么组织经常无法解决空闲时间或个人时间碎片化的问题。类似地，由于人们对时间的微小损失相对不敏感，决策者和援助组织可能无法解决随着时间的推移而积累的小的行政负担。制度和组织因素可能会强化这些心理因素，导致恶性循环。

总的来说，更好地理解时间贫困积累的原因以及如何减轻时间贫困可以提升个人和社会的福祉。减少时间贫困还可以促进经济流动性，在过去70年中，美国的经济流动性一直在下降（Chetty et al.，2017）。已有研究表明，减少时间贫困可以使来自各行各业和各社会经济背景的人将更多的精力和注意力投入到他们的健康、工作、家庭和社区。时间的充裕可以增强面对压力源的复原力，并释放出精神资源以做出更谨慎的财务决策。因此，缓解时间贫困可能是帮助人们摆脱物质贫困的可行途径（Barrington-Leigh & Galbraith，2019；Williams et al.，2016）。

第四章　从金钱视角思考时间的后果

现代社会的许多实践都试图具象化"时间就是金钱"的逻辑。其中,最直接的一个操作方法就是时薪制,即按小时支付报酬(Lakoff G,1999)。在过去的十几年间,研究者通过向实验的参与者提醒他们获取报酬的方式是时薪制或者通过给人们的每小时的时间标价,来研究把时间看做金钱的心理后果(Pfeffer & DeVoe, 2012)。本章将以经济评估这一理论概念为组织框架,来描述时间和金钱之间联系的日益突出如何使人们在对时间的决定中将注意力集中在时间的金钱回报上。具体来说,考虑了对人们将时间花在赚取更多的钱,或做志愿工作,或是与同事工作外社交的意愿的影响。由于经济评估将人们的注意力集中在决策中具有经济回报的方面,而不是其他价值方面(例如幸福),因此所有这些结果对幸福感的体验具有启示。

一、以时间换金钱

在以时薪计酬的员工身上看到的放弃自由时间以赚取更多金钱的权衡反映了人们对时间的经济回报的关注。德沃和普费弗(DeVoe & Pfeffer, 2007b)在对美国人口进行的一项横断调查中,控制了一系列协变量之后，发现小时工与非小时工相比，更愿意放弃更多的空闲时间来赚取更多的钱。使用来自英国人口的纵向调查的七批数据再现了这一结果（DeVoe et al., 2010）。在这项研究中发现，以前的小时工资工作经历，而不仅仅是当前的小时工资，影响了受访者用更多时间换取更多金钱的意愿。这种效应控制了工作特征、工作满意度、个体特征和家庭因素等重要变量。有趣的是，分析结果表明，在个人换了工作，不再按小时计酬之后，小时工资的影响持续了两年。

为了确定时间—金钱联系的凸显性与结果变量之间的因果关系，研究者进行了一项实验，实验设置了两个条件，一个条件是个人了解自己的小时工资率，另一个条件是个体并不了解自己的小时工资率；并同时测量了参与者之前的小时工资经验（DeVoe & Pfeffer, 2007b）。所有参与者在开始调查时都会报告他们的年收入、每周平均工作小时数以及上一年的总工作周数。一半的参与者被随机分配要求自己计算他们的小时工资率，而另一半的参与者直接进入调查的其余部分。要求参与者计算他们的小时工资率，使得那些之前很少或没有小时工资经验的人更倾向于花更多的时间在有偿工作上，这个结果与之前大量接触小时工资的人类似。这些结果是深刻的，因为它表明，经济评估通过影响人们放弃空闲时间的意愿，从而增加了工作时间占用非工作时间的可能性。考虑到卡尼曼（Kahneman, 2004）等人的研究表明，人们将工作和通勤视为一天中最不愉快的时间，那么这个结果显然意味着，人们在进行这类权衡的时候，更多关注的是时间的经济回报，而不是自己会不会快乐。这个结果和已有的研究也是一致的，已有研究发现，认为金钱比时间更重要往往伴随着整体而言更低的主观幸福感（Lee-Yoon & Whillans, 2019; Mogilner, 2019）。

二、志愿工作

志愿工作是一种缺乏直接报偿的工作形式。当从金钱的角度考虑一个人的时间并从经济上评估如何花费时间时，这样的活动很难被证明是合理的。事实上，美国一项全国代表性调查的时间使用分析显示，小时工志愿投入时间的可能性较低，志愿投入的时间也比非小时工少（DeVoe & Pfeffer，2007a）。类似地，计算小时工资的非小时工明显不愿意奉献时间在志愿工作上。这项研究的重复研究发现，人们的志愿精神只受计算自己的小时工资率的影响，而不受计算一般他人的小时工资率的影响（Pfeffer & DeVoe，2009）。这一发现很重要，因为它表明，人们考虑的是自己的时间的金钱价值，而不是更一般的时间-金钱关系。

有趣的是，不管一个人花在志愿活动上的时间有多长，志愿活动往往被认为是一种快乐的经历（Son & Wilson）。那么，用金钱来衡量自己的时间是否会破坏志愿者的快乐体验，这是一个值得研究的问题。为了探索这一点，德沃和帕伊（DeVoe & Pai，2018）研究了志愿者对幸福感的评价。初步调查结果表明，当他们时间的经济机会成本较高时，小时工做志愿者的快乐程度明显低于他们的同伴。类似地，一项实验表明，在没有报酬的令人愉快的工作中，鼓励人们计算他们的小时工资率比在控制条件下或在有明确额外报酬的工作条件下报告的幸福感要低（DeVoe & House，2012，2016）。因此，经济评估似乎干扰了个人享受活动的能力，因为他们有其他可能获得更高报酬的选择。

三、工作之外的社交活动

虽然对时间的经济评估可能会将工作和个人生活按照是否有报酬进行划分，但对时间使用的经济回报的关注可能会溢出到有可能获得高报酬的决策中，例如职业社交。事实上，在工作之外与同事社交是一项将工作和个人生活融为一体的活动，而经济评估的关键维度是该活动是否具有高经济回报的前景。

与此一致，李永恩和威廉斯（Lee-Yoon & Whillans, 2019）论证说小时工花更多时间与同事社交，而花更少时间与家人和朋友社交。此外，德沃和普费弗发现，在时间经济价值特别高的高收入小时工中，下班与同事社交的倾向更大（DeVoe & Pfeffer, 2011）。此外，无论收入高低，人们都认为工作外与家人和朋友社交比与同事社交更快乐。这间接表明，高收入小时工花在社交上的更多时间是为了未来潜在的经济回报，而不是为了幸福。值得注意的是，这清楚地表明，除了影响具有直接经济回报的行为外，经济评估还会影响那些具有未来经济回报前景的行为。

四、未来方向

当一个社会普遍流行特定的时间观时，这种观念往往会渗透在日常工作和生活的现实之中，并且通过实践不断强化这种观念。按小时付酬就是这样一种做法。在过去的半个世纪中，美国（DeVoe & Pfeffer, 2011）和加拿大（Shannon, 2008）按小时计酬的劳动者比例保持不变或逐年增加。最近，短时工作经济蓬勃发展，越来越融入日常生活，并且进一步促进了既定工资率的时间销售以及外包家务（如 Task-

Rabbit）服务的购买（Hochschild，2012）。

有趣的是，在同一时间里，英语书籍中"时间就是金钱"的说法日益流行。图1显示了"时间就是金钱"在谷歌编目的520万本数字化图书中所占的百分比。

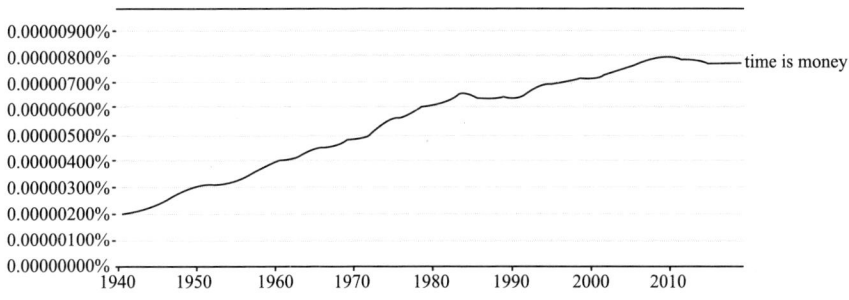

图1 "time is money"（时间就是金钱）这一短语在英文书籍中出现的比例

虽然这些数据只是提示性的，但它与对时间的经济评估日益普遍的现实是一致的。这一领域未来研究的一个关键问题是如何阻断这种自我强化的循环。另一个问题是，它是否应该被打断，或者这种对时间的工具性的强调以及时间与报酬的紧密联系会不会有利于生产力的提高。然而，如果人们对工作外时间的经济评估会负向影响个人的幸福感，那么保护人们的工作外的时间可能是十分重要的。提供方法让个人、组织和政府重新关注时间使用的非经济评估，将提升民众和社会的快乐和幸福。

第五章　幸福悖论背后的水车效应

最近的几项研究表明，发达国家报告的幸福水平和收入水平不一致（Blanchflower & Oswald, 2004；Diener & Biswas-Diener, 2002；Diener & Oishi, 2000；Easterlin, 1995, 2001；Kenny, 1999；Veenhoven, 1993）。此外，现有文献也表明，人们在工作和空闲时间中经历着越来越多的压力（Cross, 1993；Eckersley, 1999；Hochschild & Arlie, 1997；Robinson & Godbey, 2010；Schor, 1999；Sullivan & Gershuny, 2001）。这些发现表明，就提升幸福感而言，人们的行为选择并不是最优的。如果他们更努力地工作是为了减轻压力提高幸福感，而不是为了不断提高收入，那么他们可能会过得更好。因此，问题就来了：如果换一种行为方式人们会更幸福，那么他们为什么不相应的调整自己的行为？

研究者提出了各种水车效应来解释幸福悖论。在本章中，幸福悖论是指，一旦收入达到了某一临界值后，个体主观报告的幸福水平不会随着收入的增加而增加。这些所有的水车效应似乎都是现代经济发展所固有的，使发达国家的经济增长变成激烈的竞争，即所有人对幸福的追求在总体上变成了零和游戏。这种零和博弈反映在实证数据中，即报告的幸福水平不再增长。然而，人们似乎忽视了这些水车效应的存在，也没有在决策过程中考虑它们。这导致人们对休闲时间产生了偏见，即高估了收入带来的快乐，低估了休闲时间带来的益处。

两种众所周知的水车效应——对地位或位置商品的追求，以及期望水平提高的重要性——许多经济学家都曾对此进行过论述。它们导致的水车效应被称为地位水车（Positional Treadmill）（Frank，1985）和享乐水车（Hedonic Treadmill）（Brickman，1971）。有研究者提出了两个额外的水车效应，即多选项水车（Multi-option Treadmill）和省时水车（Time-saving Treadmill）。多选项水车描述了在经济增长下，关于花费金钱和时间的选项数量在不断增加，而这会带来喜忧参半的结果。一方面，越来越多的选项可以增加人们的幸福感。但另一方面，过多的选项让选择本身变得更加困难。当人们试图从越来越多的选择中获利时，他们越发觉得不可能做出正确的选择，也不可能真正享受一个选择的结果。而省时水车描述的则是这样的困境：随着收入的增加，时间变得越来越稀缺，因为数量攀升的选择需要一定的时间预算。在经济方面，工业化国家通过研发各种节省时间的设备来应对这一挑战。但为节省时间做出的努力往往是徒劳的，因为一旦一个活动变得更有效率，人们会更多地参与其中。例如，如果交通变得更便捷，人们将更频繁地出行，去到更远的地方。因此，节省时间的创新倾向于增加对休闲时间的利用，而不是缓解时间压力。

一、两个著名的水车效应：地位水车和享乐水车

最近，大量的实证研究表明，个体并不像新古典主义理论中传统假设的那样，即个体是独立的效用最大化者。相反，人们会将自己与相关的人进行比较，而比较的结果会在一定程度上影响到他们的幸福感。早在1578年，法国的法学家和经济学家博迪（Bodin，1947）就

已经强调了炫耀性消费的重要性，但最早的详细描述来自凡勃仑（Veblen，2001）。他提出了"炫耀性消费"的概念，以此将奢侈品消费与给他人留下深刻印象的目标联系起来。杜森贝瑞（Duesenberry，1949）更关注收入，因为人们倾向于将自己的收入与相关他人的收入进行比较。这就产生了"相对收入假说"，以及众所周知的"和你的左邻右舍比阔气"（一句美式习语：keeping up with the Joneses），即描述了人们为了与朋友、邻居或同事之间的收入持平而不断努力。赫希（Hirsch，2013）将人们对"位置商品"或"地位商品"的需求，来代表人们对地位的追求，但这些商品并不能真正地提高地位，因为它们的价值源于他人无法获得这一事实。弗兰克（Frank，1985，1999）也强调了地位商品的重要性，他将这些商品的生产解释为生产资源的分配不当，因为归根结底，它们不能增加整体的幸福感。库珀（Cooper，2001）等人进一步阐述了这一观点，认为创新活动越来越多地和地位商品的创新有关，使其产出增加，但因为地位商品无法增加内在幸福，所以幸福感并没有上升。

但是，追求地位或位置商品是如何演变为水车效应的呢？首先，不可能每个人都能优于他人，因为最多只有50%的人可以超过平均水平。因此，从整体上来说，对地位的追求变成了一场零和游戏（Scitovsky，1976）。即使每个人的收入都增加，但这并不会使每个人的相对收入增加。只有在其他人消费更少的位置商品或地位商品时，它们才会增加个体的幸福感，即一个人所获得的幸福和另一个人的不满是相互抵消的。这个事实是显然的，但人们仍旧忽视了它。人们似乎经常抱有一种不合理的想法，即比较时只会进行上行比较，认为每个人都可以成为赢家（Eckersley，1999），并且会因为过度自信而高估自己的能力（Weinstein，1980）。

但是在比较中，即使一个人碰巧优于他人，但由于相对地位而产生的幸福感也会不断地被收入增长所侵蚀。例如，一辆像新奔驰这样的豪车只有在少数人买得起的时候，才会成为一种身份的象征。但随着收入水平的提高，越来越多的人可以购买它，奔驰车就失去了它的商品地位。因此，人们必须更努力地工作来找到一辆更漂亮的汽车，随后，这辆更漂亮的汽车又暂时地作为位置商品。通过炫耀性消费向他人展示地位是一个动态的过程，需要持续的努力（通过购买位置商品），但这只是为了在未来保持当前的地位。

正如前文所述，忽视地位水车会导致人们过高地估计相对收入带来的好处。理智的消费者会预期，在未来，他们对相对收入的满意度会下降，并且会在想到来自未来收入的幸福感时意识到这一预期。然而，导致地位水车的反馈效应往往很复杂，而且可能超出普通消费者的认知能力。因此，地位水车是人们不断争取更高收入的第一个解释，即因为人们相信自己能比相关的他人表现得更好。此外，这也会导致更多的压力，因为人们会为了在事业中取得进步，在未来赚更多的钱，而牺牲自己的休闲时间。广告商和媒体也强化了地位水车，他们通过市场营销、电视节目或杂志来宣传理想的状态，以不断提醒人们：与理想相比，自己的地位相对较低（Frank, 1999; Schor, 1991）。

与地位水车密切相关的是享乐水车效应，即随着收入的增加，人们的期望也会随之提高。最初，收入增加会带来更多的幸福感，因为它使人们能够购买更多的商品和服务。但是人们往往会提高对收入的期望，从而逐渐适应更高的收入。从另一角度来看，因为收入增加所带来的消费的快乐减少了，这使得不断提高的收入期望降低了人们从收入中获得的幸福。不断增长的物质期望导致了享乐水车（Brickman & Campbell, 1971），即人们不断调整自己的期望水平以适应更高的收入水平。从长远来看，这会导致幸福感不再提高，因为根据期望水平理论，幸福是由期望和成就之间的差距决定的（Inglehart，2018；Michalos，2012），这一差距在本章中是用收入差距或消费差距来衡量的。在未来，这一差距可能会持续存在。

一些经济学家描述了在高收入的国家中，期望上升和幸福感停滞之间的关系。根据伊斯特林（Easterlin，1974，2001）的观点，期望上升是导致幸福悖论的主要原因。他提出主观幸福感与收入成正比，与物质期望成反比。但是在整个生命中，物质期望往往与收入成正比，因此，测量的幸福感或满意度与物质期望成反比。弗雷和斯托泽（Frey & Stutzer，2002，2003）也强调了这种负相关的关系。根据他们的定义，个体通过与相关他人的比较，从而产生对地位的追求，导致期望上升，这一过程被视为独立的水车效应。

一般来说，人们的期望最终会随着收入的增加而上升，但在评估额外收入带来的幸福水平时，人们通常会忽视这一事实（Loewenstein & Schkade，1999）。他们往往会高估新的物质消费机会带来的好处，只考虑拥有一辆新车或一套房子后所感受到的即时快乐。但随着人们对新商品的适应，这种愉悦感可能会迅速消退。就像地位水车一样，享乐水车也因期望的上升趋势而进一步恶化。我们不断地被各种信息轰炸，这些信息让我们的期望不断上升，甚至在一些更极端的情况下会导致心身耗竭综合征。

二、多选择水车：高估越来越多的选择所带来的幸福

随着经济增长，我们可以观察到一个多选择社会的发展（Breedveld & van den Broek，2003）。商品和服务的种类不断丰富，为消费、

投资、休闲、生活方式提供了新的机遇。从简单的消费选择到重大的终身决策，选择的数量在各个层面上都呈现出爆炸式增长，我们被迫做出越来越多的选择。当我们走进超市想买酸奶时，我们必须在数量众多的各种口味中做出选择，如水果、浆果、坚果、巧克力、香草，当然还有各种混合口味。如果我们想投资，我们可以在无数的金融资产和各种各样的基金中进行选择。当我们计划我们的个人生活时，也有很多选择，任何事情都可能发生。

一方面，更多的选择自由来自于花费金钱和时间机会的增加。另一方面，传统或宗教对选择的限制逐渐减弱，现代社会下的个体是他们自己世界和命运的创造者。乍一看，更多的选项可能会增加幸福感，因为越来越多的需求可以得到满足。但越来越多的选项也让选择变得更加困难。"太多选择"的负面影响已经被研究所证实（Schwartz, 2000, 2004）。研究者认为，当人们可以选择的选项数量过多时，选择自由就变成了选择暴政。人们面临着大量的可能性。但是，所有与更多选择相关的自由都有其消极的一面，因为它让人们在做什么和为什么做的问题上犹豫不决。选择自由是一把双刃剑，因为自由的另一面是混乱和瘫痪。因此，根据施沃茨（Schwartz）的观点，拥有一些更受限制、更容易评估的选项比拥有无穷的选项更有益，因为太多的选项会给人们带来过高的成本（Loewenstein & Schkade, 1999）。

最近，关于决策的研究表明，更多的选择可能会对人们的满意度产生负面影响。艾扬格和莱珀（Iyengar & Lepper, 2000）通过分析消费者的选择发现，当被试有6种而不是30种选择时，他们更有可能购买被销售的果酱或巧克力。相较于选择较多的人，那些选择较少的人对自己的选择更满意（Amir & Ariely, 2004）。特沃斯基和莎菲（Tversky & Shafir, 1992）、日德摩尔和莎菲（Redelmeier & Shafir, 1995）表明，随着决策过程的难度提高，在已经存在的一组选项中增加进一步的选项会使人们的状况变得更糟。莱曼（Lehmann，1998）认为，更多的选择可能导致更糟糕的决策，因为在太多选择的情况下，人们倾向于利用简单的决策规则，而这样的规则通常不是最优的。比泰等人（Beattie et al.，1994）的研究发现，如果面临太多选择，人们有时会更愿意别人替他们做决定。基于这些实证研究，德斯穆尔斯（Desmeules，2002）提出了选择多样性与消费体验之间呈倒 U 型关系。幸福感会随着选择的增多而提高，但一旦达到临界值，选择的增多反而会导致幸福感的下降。

在不同层次上，不断增加的选择导致了进一步的水车效应，研究者称之为多选择水车。多选择水车在原始经济下不是很重要，因为人们花费金钱和时间的选择很少，因此新选择的出现可能会增加人们的幸福感。但是，随着经济和社会的发展，多选择水车就变得越来越重要。因为只有在金钱和时间的消费选择增多的情况下，人均收入才能增长。因此，必须不断地发明新的商品、服务和生活方式，否则由于边际效用递减法则，总需求的增长最终会趋于停止。例如，买很多双同样的鞋是没有意义的。但如果你有更多的、不同样式的鞋子可以选择，你可能会忍不住再买一双。菲律宾前总统夫人收藏了 1000 多双鞋子，这生动地证明了这一点。只有在新产品出现时，我们每年才会继续花更多的钱，而新产品会给我们带来比现有产品更大的快乐或满足感。

当个体试图从越来越多的选择中获利时，他们越发觉得不可能做出正确的选择，也不可能真正享受一个选择的结果。一方面，多选择社会的出现使人们从传统的、可供选择数量有限的限制中解放出来。但另一方面，它对选择和所选选项的享受产生了新的限制，这种限制随着选择的增多而变得更加常见。这些限制如下。

（一）信息限制

更多的选项需要提供更多关于这些选项的信息，否则就不可能在现有的选项中做出理性的选择。但是，收集越来越多的信息也需要更多的时间，并且增加了其他搜索成本。这种信息限制已成为当前多选择社会的普遍现象，因为了解大多数现有的选择是几乎不可能的（Etzioni, 2001）。仅仅是为了充分了解目前所有可用的汽车、笔记本电脑、互惠基金或手机交易的特点，就已经需要一份全职工作了。随着选择数量的增加，做出最佳选择所需的努力和时间也会增加（Schwartz, 2004）。因此，人们通常无法在所有现有的选项中做出理性的选择，因为这需要充分的信息。他们被迫使用更单一但更可行的决策规则，正如提出"满意度法则"的西蒙（Simon, 1976）所描述的那样。根据西蒙的观点，人们在做决策时，会将考虑范围限制在他们认为足够好的选择子集中。满意被定义为，处理过多选项的最佳策略（Schwartz, 2004），但它包含了错过最优选项的风险（Loewenstein & Schkade, 1999）。

在这个多选择的社会中，人们获得的信息越多，就越容易受到信息限制的困扰。目前，普遍存在的信息过载（Schrage, 1999）导致了过滤相关信息的搜索成本不断提高。信息过多和信息过少一样危险（Hahn et al., 1992）。在其他问题中，它导致了过多的低质量信息（Shenk, 1997）和更难找到正确解决方案，这引发了信息疲劳综合症（Reuters, 1996）。尽管获得了大量的信息，但在应该做出的选择上，许多人认为他们从未获得"准确信息"而因此感到严重受限。

(二) 心理账户限制

即使我们能够收集到关于如何花费金钱或时间的选择的所有相关信息，也很难根据这些信息采取行动，因为我们不确定与另一个选择相比，目前选择所带来的快乐（不快乐）或满意（不满意）的程度。首先，我们需要考虑选择某一选项所带来的即时快乐或痛苦。但对于许多决策，我们也需要考虑我们未来的感觉，我们期望它与选择特定的选项（包括预期的快乐或恐惧）有关。但这些感觉在很多时候都是高度不确定的，而且大多数人都不太善于预测未来自己将从哪种花费金钱和时间的方式来获得快乐（Gilbert et al., 2002; Gilbert & Ebert, 2002; Herrnstein & Prelec, 1992; Loewenstein & Schkade, 1999）。我们的认知能力是有限的，因此，每当我们尝试评估大量可用选项的成本和收益时，我们通常会面临心理账户限制，因为我们无法建立合适的心理账户。心理账户这个术语可以追溯到特沃斯基和卡尼曼（Tversky & Kahneman, 1984, 1989），指的是一种在心理上对可用选项进行分类的过程，以便对它们进行联合评估。

选择越多，人们就越容易感受到心理账户的限制，就越容易做出让人们不会在未来感到快乐的、非理性和非最优的决定。当没有明确的标准来判断哪一个选择比另一个选择更好时（Shugan, 1980），或者当人们觉得自己在某一特定领域缺乏专业知识时（Heath & Tversky, 1991），又或者当决策的特点是较为困难的权衡时（Loewenstein & Schkade, 1999），这种情况更容易发生。此外，人们倾向于把决策集中在绝对经济收益上，而淡化非经济方面的担忧（Hsee et al., 2003），即无法用金钱衡量的方面。例如，人们倾向于忽视社会关系的重要性，尽管它对未来的幸福感有着重要的影响（Bjørnskov, 2003;

Lane, 2000)。

(三) 时间限制

导致多选择水车的第三个限制是时间限制，它限制了我们可以享受的选项的数量，或者正如我们常说的："太多的选项，太少的时间"。我们的收入增加的同时，各种选择的增加也在加速，然而这些都需要一个固定的时间预算。这种现象也被称为"时间紧缩"或"时间饥荒"，在文献中是十分常见的（Cross, 1993; Hochschild & Arlie, 1997; Linder, 1970; Schor, 1999）。林德（Linder, 1970）所提出的"受折磨的有闲阶级"是这方面的开创性研究，它详细描述了随着越来越多的任务要在相同的时间内完成，休闲时间如何变得越来越紧张，从而导致了休闲时间的加速、强化和碎片化。我们可以参加很多的休闲活动，可以追求很多不同的事物，进行很多次购物，但时间限制了我们真正可以利用的选择的数量。每当我们决定选择一个选项时，我们必须放弃其他选项，这代表了选择一个特定选项的机会成本。当我们有更多更好的选择时，我们不得不放弃另一些更多更好的选择。换句话说，做出选择的机会成本会随着可利用选择的数量和质量的增加而增加，能够在更多的选项中做出选择的喜悦，也会伴随着越来越多的选择被迫放弃而产生的悲伤。

选择一个特定选项的机会成本会被决策后的后悔或不适感所强化，这是消费者研究领域中一个普遍的现象（Carmon et al., 2003; Tsiros & Mittal, 2000）。当消费者做出了一个选择，他们实际上失去了所有其他选择的所有权，这就产生了一种不适感，增加了放弃选择的吸引力（Tsiros & Mittal, 2000）。例如，有关退休投资决策的研究表明，当人们更多地了解到自己所做选择的负面结果时，他们会更容易感到后悔

(Loewenstein & Schkade，1999)。选择后的不适感也有助于解释为什么人们总是偏好维持现状的选择，因为这些选择往往产生最少的后悔(Simonson，1992)。

总的来说，一旦选择的数量达到某个临界值，增加选择可能不会进一步提高幸福感。这个临界值可能与收入的临界值密切相关，即超过这个临界值，收入也不再增加幸福感。为了解释幸福感停滞的潜在原因，研究者提出了一种强调信息、心理账户和时间限制的多选项水车。经济在不断地创造新的、更好的选择，这些选择会增加我们的幸福感，但一旦达到临界值，我们真正能享受的选择的数量将不再增加。一方面，人们必须花费越来越多的收入和时间来收集、过滤和评价信息，以便在越来越多的选择中作出选择（信息限制）。但是，另一方面即使我们收集了所有相关的信息，在许多情况下，由于心理账户的限制和时间限制，我们仍然无法做出最优的决定。心理账户限制是指，由于缺乏一个合适的心理评估系统来评估特定选择对我们的幸福感的影响。时间限制是指，时间限制了我们能够真正享受的选择，因为满足越来越多的选择需要一个固定的时间预算。因此，多选择社会可能会导致更多的压力，即使我们处在休闲时间之中。

三、省时水车：高估了节省时间的科技进步对缓解时间贫困的作用

在多选择社会中，省时水车与前一节中提到的时间限制密切相关。在当今的经济社会中，在可自由支配的时间越来越少的情况下，购买的数量在不断增加，购买的选择在不断增加，压力也在不断增加（Mick et al.，2004）。随着选择的增多，时间变得越来越稀缺，时间的

机会成本增加。此外，因为工资的增加或减少和收入是一致的，这也会使得时间的机会成本增加，即当一个国家的收入水平越高时，人们非工作时间的价值也越高（Button，2010），至少对于有工作的人来说是这样。因此，人们通过努力发明和使用节省时间的设备来节约时间。当然，失业的人经常面临相反的状况，即有太多的时间但没有足够的商品，这是发展中国家的典型情况。这里我们关注的是工业化国家的大多数劳动人口。

省时水车解释了为什么随着经济社会的发展，节省时间的科技取得了巨大的进步，但时间压力却持续存在。这些进步实际上应该帮助我们腾出时间去做我们真正喜欢的事情，让我们的生活更舒适。最近，安德森（Anderson，2004）对6个国家（保加利亚、德国、以色列、意大利、挪威、英国）的研究数据表明，"在空闲时间里做我想做的事情"是唯一对这些国家的生活质量产生显著积极影响的因素。但在许多情况下，努力节省时间似乎无法减少压力，因为它没有按计划节省时间。相反，它会导致反弹效应或时间使用的加剧，这破坏了它减轻压力的潜在可能。

节省时间的科技进步提高了进行某些活动的"时间效率"或"时间生产力"，使我们可以在同一时间内做更多的事情。这种生产力的提高在增长理论中是普遍事实，并且是在劳动生产率提高的前提下进行讨论的。研究也证实了"时间效率"在工作场所以外、在人们家里的巨大进步（Becker，1965）。通过购买节省时间的商品和服务来实现高效率的家已经成为许多家庭的主要目标（Hochschild & Arlie，1997）。贝克尔（Becker，1965）在他的文章中提到了几个通过节省时间的创新来提高时间效率的例子：超市（节省购物时间）、汽车（节省交通时间）、电话（节省上门时间）、电动剃须刀（节省剃胡子的时间，因为以前男性会为了剃胡子去理发店)。

但是这些创新有没有真正地节省时间呢?人们购物所需的时间减少了吗?人们出行所需的时间减少了吗?人们打电话的时间比以前拜访朋友的时间更少吗?男性花在刮胡子上的时间减少了吗?在上述例子中,真正节省时间的创新是电动剃须刀,现代男性剃须的时间确实比过去要少,在以前他们必须去理发店。这是因为"剃须"有一些自然的限制条件,这限制了它的延展。一天刮两次以上的胡须是没有意义的。因此,电动剃须刀节省时间的潜在可能性是可以实现的。但电动剃须刀是例外而不是普遍现象。

时间调查清楚地表明,贝克尔(Becker, 1965)提到的所有其他节省时间的创新都没有真正地节约时间。人们比以往更多地去购物。例如,英国的购物时间从20世纪60年代的每天40分钟增加到20世纪90年代的每天70分钟(Hewitt, 1993)。人们出行的次数比以往任何时候都多。人们打电话的次数比以往任何时候都多,特别是欧洲国家的平均打电话时间从1985年到1994年增加了100%。超市、汽车和电话未能实现节省时间的根本原因可以从人们对这些创新的反应中找到。他们拓展了本应节省时间的活动。购物、出行和打电话没有自然的限制,因为总是有更多的东西要买、更多的目的地要到达、更多的事情要在电话中说。

每当出现新的节省时间的创新时,总会出现活动拓展的现象,这被描述为关于时间的反弹效应(Binswanger, 2004)。节省时间的创新使一些活动的时间的机会成本更低。例如,当交通变得更快时,我们出行一定的距离只需要更少的时间。又如,当我们使用电话而不是亲自拜访一个异地的他人时,我们只需要更少的时间。当我们不得不为了其他活动放弃一些时间时,节省时间的创新能降低出行和沟通的

"价格"。但由于价格的降低，人们会更多地出行和沟通。如果交通变得更快，人们将更频繁地出行，而且随着出行的成本降低，人们将进行更长距离的出行。如果使用电话让人们的沟通变得更有效率，将会有更多的对话进行，因为沟通的成本也变低了。

在节省时间的创新中，最能证明反弹效应的是与人们的出行活动有关的研究。扎哈维等人（Zahavi et al.，1981）提出，人们平均每天花在交通上的时间是固定的。"恒定出行时间假说"成为运输经济学家们经常讨论的问题，并进行了大量的实证研究。通过分析来自世界各地的数据，谢弗和维克多（Schafer & Victor，2000）发现，在总体水平上（包括所有交通方式和目的的出行，如通勤、出差、购物、度假、休闲活动等），恒定出行时间假说适用于各种收入水平、地理、文化背景以及时间尺度。无论是生活在坦桑尼亚还是生活在美国，人们每天出行都要花 70 分钟左右。但是在这 70 分钟里，坦桑尼亚人以步行为主，而美国人花在汽车上的时间最多。在坦桑尼亚，每天的出行距离只有几公里，而在美国则是 60 公里。恒定出行时间假说说明了较大的反弹效应的存在。因此，人们驾驶更多、更长的距离抵消了日益增长的时间效率，这导致在交通方面的创新失去了节省时间的可能性，从而使日常出行的时间始终保持不变。

此外，一些与传统家务有关的节省时间的创新也与反弹效应有关。以 1925 年发明的电动洗衣机为例。与以前使用的搓衣板相比，它无疑提高了洗涤的时间效率。然而，人们会比以前更频繁地换衣服，以此来适应这一创新。尽管在 20 世纪初以前，人们只在每周六换一次衬衫，但洗衣机让卫生的平均标准提高到了一个更高的水平（Vanek，1974）。如今，人们会每天甚至更频繁地换衣服，这导致我们要洗更多的衣服，洗衣机节省时间的可能性在很大程度上消失了。在洗衣上，最大节省时间的发明似乎是一次性纸尿裤,因为洗尿裤占了以前家庭主妇洗衣服的很大一部分时间(Lebergott,2014)。

最近在信息和通信技术方面的科技进步提供了节省时间的创新的重要例子,这些创新并没有导致实际的节省时间,因为拓展信息交流没有自然的限制。如今,我们能够以比几十年前更快的速度生产、交换、收集和处理信息。但是,在信息和通信技术方面的节省时间的创新并没有真正节约时间。例如,使用电子邮件比写信更节省时间,相较于以往的书信交流方式,这让人们发送更多的邮件。因此,由于信息交换频率的增加,"电子邮件"不再节省时间。最近的一项调查显示,电子邮件占用了组织成员大部分的时间。74%的员工表示,他们每天查看电子邮件的次数多达5次。11%的人每天查看6~10次邮件,8%的人承认每天查看电子邮件超过15次。但是,没有人会在一天内多次查看传统的信箱,因为信件只投递一次。

如果我们分析互联网的使用,也可以观察到相似的变化趋势。互联网大大提高了寻找特定信息的时间效率。但它也使得人们过度"上网",这再次抵消了互联网节省时间的可能性。例如,员工滥用互联网在组织管理中是一个严重的问题。在一项对美国前1000名公司进行的调查中,55%的高管表示,非工作目的的上网会损害员工的工作效率(Robert Half International,1996)。借助新型的互联网浏览跟踪监控设备,某公司发现,只有23%的员工的网络使用与工作有关(Machlis,1997)。总而言之,信息技术的快速进步导致了越来越多的信息的搜索、生产、交换和消费,这是前面提到的信息过载的主要原因。

而且,节省时间的创新即使在某些活动方面确实节省了时间,但压力往往也不会减少。正如林德(Linder,1970)所描述的那样,他们会导致时间使用的加剧,而这不利于压力的减少。他强调,许多活动时间的缩短导致了时间使用的增加，从而造成了更多的压力。例如，在快餐店吃饭节省了吃午饭的时间，这是为节省未来的时间而做出的努力，它在一定程度上也确实实现了这一目的。午餐时间似乎已成为过去式，现在英国的平均午餐时间为半小时，在其他国家也可以观察到类似的趋势（Hochschild & Arlie, 1997）。但从更长远的角度来看，节省的午餐时间并不会减少压力，因为缩短午餐时间会阻碍人们在中午放松，导致下班后需要更多的时间放松，以维持之前的生活质量。人们回家后会感到非常疲惫，所以他们最有可能把节省下来的时间花在吃晚饭和看电视上，因为他们没有更多的精力去做其他事情。

总之，随着收入的增加，时间变得越来越稀缺，因为越来越多的选择需要一个固定的时间预算，这导致时间的机会成本上升。另外，时间的机会成本也会因为工资的增加而增加。为了应对这一挑战，工业化国家的经济社会发展研发了各种节省时间的设备。这些节省时间的努力是为了与压力平衡，因为压力是由于时间越来越少而产生的，在过去的几十年里，这种现象普遍存在。然而，这些节省时间的努力很少能真正地节约时间。相反，人们会通过拓展活动来适应节省时间的创新，使其变得更有时间效率，即他们必须应对时间的强化。但通常人们没有意识到这个省时水车，这导致他们高估了从收入中获得的幸福。他们忽略了上述的节省时间努力的潜在影响，而这正是努力节省时间的根本原因。如果人们能正确地预估缩短休闲时间带来的压力，他们会努力阻止休闲活动变得太有效率。但是，人们似乎很相信这些节省时间的努力，尽管它事实上并没有在日常生活中创造出新的时间。

经验证据有力地证明，平均而言，发达国家的人们实际上并没有使幸福最大化。对于很多人来说，如果收入稍微降低，有更多的空闲时间，他们可能会过得更好。但不知道为什么，人们总是被这样的想法所引导：挣更多的钱能变得更快乐，依靠节省时间的创新来避免压力，尽管这些想法从未被实现。因此，发达国家的经济变成了巨大的水车，人们试图走得越来越快，以达到更高的幸福水平，但实际上他们并没有比现在更好。平均而言，无论人们在这个水车效应中走得多快，幸福感总是保持不变。水车被用来比喻，人们通过争取挣更多的收入来无止境地追求更多的幸福，但这只会带来更多的收入，却不会带来更多的幸福，这也被称为"幸福悖论"。在本章中，我们试图通过阐述四种不同的水车效应来揭示这个悖论背后的经济逻辑。

正如本章所述，其中两种水车效应是被广泛论证的：地位水车和享乐水车，它们描述了人们对地位的追求和不断上升的期望是如何阻止幸福随着收入的增加而增加的。然而，现实中还有更多的水车效应，它们也对幸福悖论做出了实质性的贡献。研究者将这些水车效应称为多选项水车和省时水车。多选项水车解释了为什么在超过一定临界值后，花费时间和金钱的选择的增加并不能提高人们的幸福感；省时水车描述了一个事实，即节省时间的技术进步并不能缓解人们工作生活中的时间压力。虽然在这里它们被视为各自独立存在的效应，但水车效应在很多时候是相互关联的，而且往往会相互加强。

一旦一个国家发展到了一定阶段，这些集体的、非最佳经济行为的流行就会导致水车效应。人们做的很多事情可能对个体来说是聪明的，但对所有人来说是愚蠢的（Frank, 1999a）。如果不把集体水车的知识融入到个体的时间和金钱的分配决策中，水车对平均幸福水平的负面影响就无法削弱。但这并非易事，一方面，水车效应的机制非常复杂，在具体情况下很难预测；另一方面，常见的囚徒困境使得人们无法改变自己的行为。例如，相较于过去，现在的美国律师更加努力的工作，尽管大部分人其实只想进行报酬稍低的短时间工作（Landers et al.,1996)。但第一个提出这个想法的律师表示,这会将自己置于一个劣势处境,因为这会让人感到他对律师事务所缺乏承诺。因此,所有的律师都在继续地努力工作,尽管他们中的大多数人期望少做点工作。

鉴于这些困难,一些经济学家认为有必要采取政策措施来缓解这种水车效应,因为它会造成经济资源的巨大浪费。弗兰克(Frank,1999)强烈主张实行累计消费税,以减少奢侈品的消费,而奢侈品是地位水车背后的驱动力,莱亚德(Layard,2003)也有同样的观点。这些提议值得进一步讨论,但水车效应也会对个体的行为和工作安排产生重要影响。在个人层面上,心理账户还有改进的空间。例如,当一个选择有各种各样的选项时,追求"足够好"比追求"最好"要好很多倍,因为根据这一规则行事的人(即容易满足者)似乎比那些决心只做最好选择的人更快乐(Schwartz,2004)。

在工作安排上,通过将工作从一些不合适的时间和空间限制中解放出来,这似乎能在很大程度上减少压力。信息技术方面取得了巨大的进步,因此工作时间可以以更灵活的方式安排(Breedveld & van den Broek,2003)。此外,目前普遍存在的排名机制诱使人们不断地将自己与相关的他人进行比较,这也可能强化水车效应。在生活的许多领域,排名应该受到限制而不是推崇,因为它让人们永远不会感到满足。如果想成功地削弱水车效应的影响,需要从个体改进、组织变革到政府政策等一系列的干预措施。

第六章 时间贫困的后果

一、时间贫困的后果概述

由于时间贫困和忙碌的感觉已成为许多人的生活习惯特征,因此人们日益关注时间贫困的后果。不幸的是,时间贫困与一系列不良后果有关。例如,对身体健康产生负面影响:与失眠、疲劳、肥胖、高血压和较差的自我评估健康状况有关(Banwell et al.,2005;Höge,2009;Lehto,1998;Strazdins et al.,2011;Williams et al.,2003)。此外,心理健康也会受其危害,因为时间贫困的感觉与抑郁、压力、情绪耗竭以及更低的主观幸福感有关(例如,更不开心、更低的生活和工作满意度以及正念(Gärling et al.,2016;Kahneman et al.,2004;Kasser & Sheldon,2009;Robinson & Godbey,2010;Roxburgh,2004;Strazdins et al.,2016;Teuchmann et al.,1999;Zuzanek,2004b)。研究还发现,时间贫困会导致一些有害的行为后果。例如,时间贫困与不健康饮食和食用方便食品有关(Celnik et al.,2012;Darian & Cohen,1995;Jabs & Devine,2006;Venn & Strazdins,2017),与参与锻炼和体育活动的可能性降低有关(Kasser & Sheldon,2009;Strazdins et al.,2016;Venn & Strazdins,2017),甚至会导致人们在感到身体不适时推迟去看医生

（Vuckovic, 1999）。此外，感知时间匮乏会促使人们做出伤害他人的行为，例如分心驾驶（边开车边发短信）、采取破坏生态的生活方式、不愿花时间帮助有需要的人（Darley & Batson, 1973; Insurance, 2008; Kasser & Brown, 2003）。最后，感到时间匮乏的人通常会尝试通过挤时间行为（例如加速、缩短活动或选择耗时更短的替代活动、多任务处理）来缓解他们的时间匮乏——讽刺的是这些行为不但会使得人们感到更加匆忙和时间稀缺，而且还会破坏人们的生产力和幸福感，并阻碍人们沉浸在活动中达到"心流"状态（Etkin & Mogilner, 2016; Peters & Raaijmakers, 1998; Robinson & Godbey, 2010; Robinson & Tracy, 2016; Sullivan, 2008）。

在这一点上可能得出这样的结论：时间贫困本质上是不好的，如果能从生活中消除时间贫困和忙碌的感觉，人们会过得更好。然而事情并非如此简单，有研究表明，忙碌也可能有好处，太多空闲时间可能是一件坏事。例如，更忙碌与更好的认知相关，如处理速度和记忆（Festini et al., 2016）。有些人会追求并炫耀时间贫困（Gleick, 1999），因为忙碌的生活方式被视为一种理想的身份象征或荣誉徽章（Bellezza et al., 2017; Gershuny, 2005; Keinan et al., 2019; Nowotny, 1994）。事实上，最近的研究表明，这种积极的地位推论是因为人们认为忙碌的人是有能力的、雄心勃勃的、稀缺的且高要求的（Bellezza et al., 2017）。此外，与不忙碌相比，当感到忙碌时，人们认为自己更有效地利用了时间，更有动力在错过截止日期后完成任务，因为他们不太可能有失败感（Wilcox et al., 2016）。时间贫困和忙碌也有助于避免人们有太多时间无所事事。事实上，如果时间变得过于富裕（例如，有时间却不知道该做什么），人们也会不快乐（Robinson, 2013; Robinson & Martin, 2008），与闲散的人相比，忙碌的人更快乐（Hsee et al.,

2010）。但是即使是那些说他们更喜欢忙碌的人也必须小心，因为一旦生活被时间压力和忙碌所淹没，那么时间贫困就会导致负面结果，例如消极情绪和生活满意度降低（Kasser & Sheldon，2009）。综上，这些证据表明，当人们觉得自己的时间富裕程度"恰到好处"时才受益最大。

二、时间贫困相关研究的具体结果变量汇总

各学术领域的研究人员已经开始系统地研究这一现象。在社会心理学方面，越来越多的文献发现，时间越充裕的人心理健康程度越高（Goh et al.，2016；Rudd，2019；A. V. Whillans et al.，2017）。组织行为研究记录了工作场所结构在塑造人们如何思考和利用时间方面的作用（DeVoe & Pfeffer，2007b；Pfeffer & DeVoe，2012）。法律学者开始考虑社会结构，即妇女所承担的无偿劳动负担（Emens，2019）和政府过程，即文书工作和行政负担（Sunstein，2018）施加的时间负担的福利成本。政治理论家敦促学者研究政治机构中浪费的时间，例如投票亭或法庭上的等待时间如何影响民主进程（Cohen，2018）。发展经济学家提倡对在职贫困者的时间使用和相关的压力进行系统研究（Haushofer & Shapiro，2016；Hirway，2017；Mullainathan & Shafir，2013）。这些不同学科的共同点是，在影响人类福利方面，时间贫困可能与物质贫困同等重要。

如今，时间匮乏和"忙碌"常常被视为生产力、成功和高地位的标志（Gershuny，2005；Keinan et al.，2019）。然而，最近的科学证据提供了令人信服的证据，证明感觉时间贫困会对主观幸福感（例如，生活满意度、积极情绪）、心理健康、工作表现、创造力和人际关系质量产生不利影响（关于时间匮乏的一些负面后果，见表1）。

表1 时间贫困结果变量的简要回顾

参考文献	背景	样本量	时间贫困的定义	时间贫困的结果	效应量
祖扎内克(Zuzanek, 2004b)	加拿大	10748	感受到时间压力(例如,"和5年前相比,你觉得是更匆忙了,还是和5年前一样,亦或是不那么匆忙?"范围:0—100)	工作满意度	r = -0.20*
				生活满意度	r = -0.28*
				工作—家庭平衡满意度	r = -0.38*
				非工作时间满意度	r = -0.37*
				感知到的心理压力	r = 0.49*
				健康程度自评(和同龄人相比,你怎样描述你的健康)	r = -0.13*
				健康满意度	r = -0.20*
				睡眠质量(例如,"你经常难以入睡吗?")	r = 0.19*
		17626	想要一次做太多事情的感觉(1:是;0:否)	工作满意度	r = 0.05*
				感到快乐(例如:通常你会把自己描述成是:1=很不快乐,生活是不值得过的,-4=快乐,生活很有趣)	r = -0.05*
				健康程度的自我评价(例如:"总的来说,你的健康状况是:")	r = -0.07*
				心理健康的自我评估(例如,在过去的一个月里,你感到悲伤以至于没有什么能让你振作起来的频率是什么?1=从来没有,5=一直如此)	r = -0.15*
				抗抑郁药物的使用(例如,在过去的一个月里,你服用了多少抗抑郁药物?)	r = 0.06*
莱托(Lehto, 1998)	芬兰	2979	感知到时间压力(定义为至少出现反映时间压力的8个要素中的5个要素,例如,"你是否在这样的压力下工作:除了工作之外没有时间说话或思考其他事情")	头痛(每月发生的次数)	48%
				疲劳(每月发生的次数)	69%
				睡眠困难(每月发生的次数)	45%
				抑郁/沮丧(每月发生的次数)	19%
				过度劳累(每月发生的次数)	50%
				紧张(每月发生的次数)	54%
				一切都太多了(每月发生的次数)	28%

(续表)

参考文献	背景	样本量	时间贫困的定义	时间贫困的结果	效应量
卡勒蔻丝凯和哈姆里克（Kalenkoski & Hamrick, 2013）	美国	32392	时间贫困定义为可自由支配的时间量，如个人护理时间、市场工作时间（上班）、家务时间、照料儿童和成人的时间（二分变量：1 = 每日自由支配时间小于 289.8 分钟或 4.83 小时；0 = 其他）	购买快餐（1 = 是，0 = 否）	m.e. = −0.034**
				每天吃和喝的次数	m.e. = −0.273**
				运动时间	m.e. = −17.64**
				主动运动（例如，每天步行或骑自行车 20 分钟以上）	m.e. = −0.012**
班威尔等人（Banwell et al., 2005）	澳大利亚	50	时间贫困是通过体育活动和食物消费领域的专家进行半结构化访谈来定性衡量的。专家将时间贫困描述为"忙碌"和缺乏时间	与 50 年前相比的体育活动频率	降低
				与 50 年前相比的做饭频率	降低
				与 50 年前相比的购买预先做好的食物和外卖食物频率	增加
扬等人（Yan et al., 2003）	美国	3308	时间紧迫或不耐烦的感觉（例如，感到时间压力，一天的中等工作量的工作或家务结束时感到压力，吃得太快，等东西时感到烦躁；0 = 低，1 = 中 − 低，2 = 中 − 高，3 − 4 = 高）	高血压发病率（在第 0 年或第 5 年的非高血压参与者在第 15 年出现高血压的百分比；高血压的定义是收缩压至少为 140 毫米汞柱，舒张压至少为 90 毫米汞柱，并使用抗高血压药物）	$OR_{中-低时间紧迫或不耐烦} = 1.51$
					$OR_{中-高时间紧迫或不耐烦} = 1.47$
					$OR_{高时间紧迫或不耐烦} = 1.84$
武科维奇（Vuckovic, 1999）	美国	40	感觉没有足够的时间	在 18 个月的观察中，使用药物以满足需求并避免看医生	增加
罗克斯堡（Roxburgh, 2004）	美国	790	时间压力的主观感受（例如，"在过去的 12 个月里，你有多少次觉得自己似乎永远没有足够的时间去完成所有的事情？" 1 = 非常不同意，4 = 非常同意）	抑郁（频繁出现各种症状；例如，"你很难把注意力集中在你正在做的事情上"；1 = 很少或没有时间出现；2 = 一些或一点时间；3 = 偶尔或适度的时间；4 = 大部分时间或所有时间）	$β_{女性} = 0.37***$
					$β_{男性} = 0.37***$
					$β_{整体} = 0.41***$

(续表)

参考文献	背景	样本量	时间贫困的定义	时间贫困的结果	效应量
托伊赫曼 (Teuchmann, 1999)	英国	254	时间压力的主观体验（视觉类比量表，0 = 没有经历，++ = 最多经历；一共有 20 个可能的位置）	工作中的控制感	β = -0.17**
				情绪耗竭（例如，因工作而情绪耗竭或筋疲力尽的程度）	β = 0.19***
				消极情绪（例如，感到非常悲伤，非常困倦）	β = 0.27***
杜甘 (Dugan, 2012)	英国	289	感觉没有足够的时间做自己的工作（例如，"没有足够的时间来做我的工作"；1 = 强烈不同意，7 = 强烈同意）	工作与家庭的冲突（例如，"我下班回家太累了，以至于做不了我想做的事情"）	β = 0.30**
				家庭与工作的冲突（"因为我得在家做一些事情，所以我太累了，工作效率不高"）	β = 0.09 (ns)
				工作时间（"你一周通常工作多少小时？"）	β = 0.20**
				离职意向（"你明年在本公司以外找工作的可能性有多大？"）	i.e. = 0.09**
				健康的自我评估（"总体而言，你的健康状况如何？"）	i.e. = -0.06**
				感知到的工作表现（"总的来说，你如何评价自己的工作表现？"）	i.e. = -0.03 (ns)
			感觉没有足够的时间来完成家庭责任（例如，"我必须赶时间，以完成我的家庭责任和家务"）	工作与家庭的冲突（例如，"我下班回家太累了，以至于做不了我想做的事情"）	β = 0.27**
				家庭与工作的冲突（"因为我得在家做一些事情，所以我太累了，工作效率不高"）	β = 0.46**
				与家人在一起的时间（"你一个星期通常花多少小时做家务？比如做饭、清洁、修理、购物、庭院工作、记录钱和账单等？"）	β = 0.16**
				离职意向（"你明年在本公司以外找工作的可能性有多大？" 1 = 非常不可能，7 = 非常可能）	i.e. = 0.08**
				健康的自我评估（"总体而言，你的健康状况如何？" 1 = 差，5 = 好）	i.e. = -0.11**
				感知到的工作表现（"总的来说，你如何评价自己的工作表现？" 1 = 差，5 = 优秀）	i.e. = -0.13**

(续表)

参考文献	背景	样本量	时间贫困的定义	时间贫困的结果	效应量
克莱纳（Kleiner, 2014）	美国	659	感觉没有足够的时间去完成工作中需要完成的所有任务（"一般来说，你如何看待你的时间：即使是做你必须做的事情你会说你总是感到匆忙？只是偶尔感到匆忙？或几乎从不感到匆忙？"）	工作时注意力难以集中（"因为我的家庭责任，我发现工作时难集中注意力"）	$\beta = 0.13^{**}$
				工作压力自我评估（"我的工作很少有压力"）	$\beta = 0.33^{***}$
				家庭压力自我评估（"我的家庭生活很少有压力"）	$\beta = -0.02$ (ns)
				工作时注意力难以集中（"因为我的家庭责任，我发现工作时难集中注意力"）	$\beta = 0.13^{***}$
			没有足够的时间在家完成所有需要完成的任务的感觉（"家里有很多事情要做，我经常在做完之前就耗尽时间" 1 = 非常不同意，5 = 非常同意）	工作压力自我评估（"我的工作很少有压力"）	$\beta = 0.20^{***}$
阿马比尔（Amabile, 2002）	美国	177（8910个观察数据）	每天感觉到的工作时间的压力（例如，"我在工作中感到时间压力"）	日常的创造性认知加工过程（二分法：1 = 是；0 = 否）	$Beta = -0.10^{**}$
斯楚戴斯等人（Strazdins et al., 2016）	澳大利亚	9177	总是感觉很匆忙（"你是否经常感到匆忙或时间紧迫？"）	身体活动不足（中度或剧烈运动至少30分钟的频率；0 = 一点也不，每周少于一次；1 = 每周1-2次）	$OR_{经常急匆匆} = 1.44$
					$OR_{总是急匆匆} = 1.48$
				健康自我评估（"总体而言，你的健康状况是极好、非常好、良好、一般还是较差？"；0 = 差，健康状况良好；1 = 好，非常好，或非常健康）	$OR_{经常急匆匆} = 1.83$
					$OR_{总是急匆匆} = 3.15$
				心理健康自我评估（例如，"前4周你觉得"无缘无故地累坏了"的频率；1 = 没有时间；5 = 所有时间）	$OR_{经常急匆匆} = 3.18$
					$OR_{总是急匆匆} = 5.11$

(续表)

参考文献	背景	样本量	时间贫困的定义	时间贫困的结果	效应量
戈林 (Gärling, 2016)	瑞典	1507	没有足够时间工作的感觉（"我经常有自己没有足够的时间去完成工作任务的感受"；1 = 完全不同意；7 = 完全同意）	情绪健康（"你说上个月你通常的感觉是什么?" 3 个双极形容词量表，从 0 到 10；例如，0 = 非常悲伤，不高兴，沮丧，10 = 非常高兴，高兴，高兴）	r = -0.17***
			感觉没有足够的时间享受闲暇（"我经常有这种感觉，在闲暇时间我没有足够的时间做我想做的事"）	情绪健康（"你说上个月你通常的感觉是什么?" 3 个双极形容词量表，从 0 到 10；例如，0 = 非常悲伤，不高兴，沮丧，10 = 非常高兴，高兴，高兴）	r = -0.20***
		587	感觉没有足够的时间（例如，"我经常觉得自己没有足够的时间"）	情绪健康（过去一个月在工作中和非工作时间经历的情绪的频率；0 = 从不，6 = 总是）	B = -0.11 (ns)
				对目标进展的感知（例如，"我经常达不到自己设定的目标"；0 = 完全不同意，1 = 完全同意）	B = 0.34*
				压力相关症状的频率（过去一年出现头痛、肌肉骨骼疼痛、肠胃问题、睡眠障碍和焦虑的频率；0 = 从不，7 = 每天都有）	B = 0.28*
威廉斯等人 (Whilans et al., 2017)	加拿大	326	感觉没有足够的时间去完成所有的事情（例如，"我今天时间紧迫"）	生活满意度（两项量表："综上所述，你觉得自己有多幸福?" 0 = 一点也不，10 = 非常；和 Cantril Ladder 描述参与者的阶梯位置，从 0 级最糟糕的，到 10 级最顶级的）	β = -0.22***
				生活满意度（梯子题）	β = -0.18***
				生活满意度（自陈量表）	β = -0.02 (ns)
				积极情绪（例如，"快乐"；1 = 很少或从不，5 = 经常或总是）	β = -0.06 (ns)

(续表)

参考文献	背景	样本量	时间贫困的定义	时间贫困的结果	效应量
波曼（Poortman, 2005）	荷兰	1296	丈夫的工作时间（结婚前5年平均每周工作小时数；0 = 从未工作，到每周工作130小时）	离婚概率（二分变量，反映10年内夫妻停止共同生活的时刻）	Ba = -0.016*
			妻子的工作时间（同样的标准；每周0—90小时）	离婚概率（二分变量，反映10年内夫妻停止共同生活的时刻）	Ba = 0.009*
			丈夫加班（二分变量；0 = 每周工作少于50小时；1 = 工作每周超过50小时）	离婚概率（二分变量，反映10年内夫妻停止共同生活的时刻）	Ba = -0.051（ns）
			妻子加班（二分变量；0 = 每周工作少于40小时；1 = 工作超过每周40小时）	离婚概率（二分变量，反映10年内夫妻停止共同生活的时刻）	Ba = 0.036（ns）
			丈夫的工作时间不规律，如夜班、周末。（测量频率：0 = 永远，1 = 有时，2 = 经常）	离婚概率（二分变量，反映10年内夫妻停止共同生活的时刻）	Ba = 0.20*
			妻子的工作时间不规律	离婚概率（二分变量，反映10年内夫妻停止共同生活的时刻）	Ba = -0.10（ns）
			婚姻互动时间（参与各种活动的频率，如"和配偶一起拜访朋友、邻居、同事"；0 = 经常没有；1 = 有时没有；2 = 永远有）	离婚概率（二分变量，反映10年内夫妻停止共同生活的时刻）	Ba = -0.23*
赫格（Höge, 2009）	德国	576	感觉没有足够的时间完成所有的事情或在最后期限前完成（"在家庭维护工作中，一个人经常必须加快速度但却不能完成任务"）	工作与家庭冲突（例如，"我的工作要求干扰了我的家庭生活"）	β = 0.23**
				认知躁动（例如，"即使在家里，我也无法停止思考工作中的问题"）	β = 0.30**
				情绪躁动（例如，"虽然我不想这样，但我对别人很暴躁"）	β = 0.19**
				身心疾病（比如，"你有头晕吗？"）	β = 0.04（ns）

总之，已有实证研究已经提供了多方位的证据表明时间贫困的消极后果。本章只是提供了其中的一部分证据。如前所述，时间贫困对人的影响往往离不开收入的限制，因此，将时间和金钱放在一起考虑它们对人的幸福感的影响是非常重要的。下一章我们将聚焦时间和金钱的区别，以及如何更有效的使用这两种资源来最大化幸福感。

第七章 时间、金钱与幸福感

时间和金钱都是对幸福至关重要的宝贵资源。许多人在日常生活中感到时间和经济上的限制（Goodin et al., 2005; Perlow, 1999; Rheault, 2011），希望自己有更多的时间和更多的钱（Hershfield et al., 2016）。收入在 7.5 万美元/年的家庭中，拥有更多的钱与每天体验到更高的幸福感，超过该收入后，生活满意度也会有额外的增益（Kahneman & Deaton, 2010）。即使在控制了收入因素后，拥有更多的空闲时间也与更高的幸福感和生活满意度相关，甚至对那些自称喜欢忙碌的人也是如此（Kasser & Sheldon, 2009）。

除了人们拥有的可自由支配的时间和金钱的绝对数量外（Kahneman & Deaton, 2010; Kasser & Ryan, 1993; Kasser & Sheldon, 2009），人们对每一种资源的重视程度、人们花费可自由支配的时间和金钱的方式都会显著影响他们的幸福感。例如，最近的研究结果表明，即使在控制了人们可支配的时间和金钱数量后，那些珍惜时间胜过金钱的人报告了更高的幸福感（Hershfield et al., 2016; Whillans et al., 2016）。

尽管如此，对于时间、金钱和幸福感之间的关系，仍有许多相关的未解决的问题——比如时间比金钱更重要的观念在何时以及如何影响幸福感,每一种资源在人们每天的和更广泛的生活中所具有的意义。例如,研究表明,廉价的、日常的乐趣(比如炎热的夏日喝一杯冰啤酒),而不是重大生活事件(比如中彩票或获得一份新工作),可以更好地预测幸福感(Gilbert, 2009)。类似地,有人认为,长期保持幸福的秘诀在于花时间在不需要很多钱的、但确实能经常给情绪带来小的提升的活动上,比如锻炼和宗教活动(Mochon et al., 2008)。具体而言,人们在每天或更广泛的生活决策中,对时间和金钱的优先排序程度,可能会对主观幸福感产生重要而又不同的影响。同样地,如何使用每种资源而产生的幸福感,可能取决于幸福感在何时被测量的。

本章将主观幸福感定义为高积极情感(即此刻感到快乐)、低消极情感(即此刻不感到悲伤)和高生活满意度(即以积极的态度评价一个人的整体生活)(Diener, 1994; Diener et al., 2017; Diener & Lucas, 1999; Sheldon, 2013),并将探讨时间和金钱何时、如何以及为何会影响人们短期和长期的幸福。

一、时间和金钱的区别

本杰明·富兰克林的著名格言"时间就是金钱"引导人们把时间和金钱画上等号。然而,越来越多的研究表明,人们对时间和金钱的看法截然不同。此外,人们对这些资源的看法可能会对人们的行为产生重大影响,进而对他们的日常和整体的幸福感产生影响。

第一,对金钱来说,有一个随时可交换的市场,人们可以在不同的时间段内存款或借贷,但对于时间而言却不是这样。今天损失的100美元有可能在明天被赚回来,但失去的一小时无法挽回,一天的24小时在每天早上都会重新开始。因为金钱比时间更具可替代性(Leclerc et al.，1995；Soster et al.，2010；Zauberman & Lynch Jr，2005），人们更倾向于仔细规划他们的时间花费而不是金钱花费，尤其是短期而言（Lynch Jr et al.，2010）；并且相比于浪费金钱，人们更厌恶失去或浪费时间的风险（Leclerc et al.，1995）。例如，相比于在可能损失15美元还是一定会损失10美元这两种选项中选择前者，人们更不愿意在可能等待90分钟还是一定会等待60分钟这两种选项中选择前者（Leclerc et al.，1995）。

第二，时间的花费比金钱的花费更难被解释。由于时间比金钱更为模糊，相比于金钱，人们对时间的沉没成本的关注更少（Soman，2001；Soster et al.，2010）；而且人们更容易合理化对时间的投资不足或过度投资（Okada，2005；Okada & Hoch，2004）。因此，人们更喜欢投入时间而不是金钱来获得享乐幸福（Okada，2005）。类似地，相比于金钱，人们在预测自己未来的时间责任上往往有困难，这是为什么人们更倾向于对未来的时间而不是金钱过度承诺（Zauberman & Lynch Jr，2005）。

除开以上区分时间资源和金钱资源的属性外，时间和金钱与人们自我概念的感知的联系也有所不同。人们认为他们的时间支出比他们的金钱支出更能反映出他们是怎样的人（Gino & Mogilner，2014；Mogilner & Aaker，2009）。因此，人们认为时间的捐赠比金钱的捐赠更道德、更能表达自我（Reed et al.，2007）；人们往往更喜欢捐赠时间而非金钱，即使这些捐赠不太有效（Olivola & Shafir，2013）；而且当人们想到自己在某产品上花的时间（相比于金钱）时，他们也会更喜欢该产品（Mogilner & Aaker，2009）。

不仅人们的经历对他们的个人描述比物质更重要（Carter & Gilovich，2012），而且人们花时间的方式实际上概括了他们的日常生活和整个人生（Mogilner et al., 2018）。尽管人们可以通过购买商品来表达自己的身份（Belk, 1988；Richins & Dawson, 1992），但金钱支出并不以时间支出那样的方式构成人们的生活，因此，优先考虑物质财富积累（物质主义）的人通常会报告较低的主观幸福感（Belk, 1985；Kasser & Ryan, 1993, 1996；Richins, 1994；Richins & Dawson, 1992；Van Boven, 2005）。

二、关注时间或金钱

由于时间和金钱两种资源的差异，人们在现实生活中，一些资源是凸显的会影响人们随后的行为选择，例如，人们对时间相对于金钱的关注程度会影响道德行为。以慈善捐赠为背景，那些被引导考虑捐赠时间（而不是金钱）的人，会捐赠更多的时间和金钱，因为他们认为参与这项慈善事业会让他们感到幸福（Liu & Aaker, 2008）。相对于启动金钱，启动时间也会减少人们在以金钱或尊严为奖励的游戏中作弊的倾向（Gino & Mogilner, 2014）。另一方面，金钱关注的影响的研究也证实了它对道德的危害。有关金钱和财富的情境线索会导致不道德行为，特别是当该不道德的决策对个人有利时（Dubois et al., 2015；Gino & Pierce, 2009；Kouchaki et al., 2013；Miller et al., 2015）。

关注时间和金钱不仅会通过影响道德，进而影响主观幸福感（Borgonovi, 2008；Steger et al., 2008），它也会通过激励与幸福直接相关的行为影响主观幸福感。换言之，当时间（相对于金钱）变得凸显时，人们会被激励去进行更多的社交和更少的工作（Mogilner, 2010）——这些活动通常分别与即时的快乐或不快乐联系在一起（Kahneman et al., 2004）。此外，长期关注时间而不是金钱的人，报告了更高的幸福感和更高的生活满意度（Hershfield et al.，2016；Whillans et al.，2016）。注重时间的人表现出更强的社交倾向，更喜欢把时间和金钱花在别人身上，而不是花在自己身上（Hershfield et al.，2016；Whillans & Dunn，2019）。

大量关于金钱凸显性后果的文献同样揭示了关注金钱的反社会但高效的影响。尽管并非所有涉及金钱启动的发现都得到了重复验证（Caruso et al.，2017；Caruso et al.，2013；Rohrer et al.，2015），一篇对150多项研究的综述支持两类强有力的效应（Vohs，2015）：与中性启动相比，金钱启动使人际关系不那么融洽，人们更不善于与人交往，更不乐于助人、更吝啬、对社会互动更不感兴趣（Gasiorowska et al.，2012；Vohs et al.，2006，2008）。另一方面，金钱的启动确实能激励人们工作——人们会在有挑战性的任务上更努力，工作时间更长，表现更好、感觉更有效率（Vohs et al.，2006，2008）。

当人们通过给他们的时间定价（计算他们的时薪收入，或领取小时收入或工资收入）而把时间和金钱等量齐观时，他们的行为就会改变。他们越来越不愿意把时间花在无偿的活动上，如志愿服务、参与环保活动（DeVoe & Pfeffer，2007a，2011；Whillans & Dunn，2015），他们体验到更大的心理和生理压力（Pfeffer & Carney，2018），而且一些有争议的证据表明，他们变得更不耐烦，不太可能放慢脚步、享受休闲活动，如听音乐（Connors et al.，2016；DeVoe & House，2012）。

大量的关于金钱启动文献汇聚起来，展示出了金钱的意义。但关于时间启动的文献较少，时间的各种含义还有待于充分的探索和理解。未来的研究需要探索时间启动何时和为何会影响行为和幸福；时间启动的哪些特点会让人们想到他们的日常计划（可能与急性的时间压力有关），而非他们生命的剩余时间，可能会激发更有意义的追求

（Mogilner et al.，2018）。想想还有多少小时或几天就需要提交任务，和想想自己还能活多久，可能会产生不同的情绪后果。此外，时间对不同的人可能意味着不同的事情——可能因文化、地理或职业而不同。与金钱相比，时间是一个丰富的概念，需要进一步的研究和理解。

三、人们什么时候关注时间或金钱

虽然启动效应的发现强调了人们对时间或金钱的关注会受到情境的影响，但人们对时间或金钱的关注程度也受个人因素（Hershfield et al.，2016；Whillans et al.，2016）和更稳定的环境因素（比如人们拥有多少资源）的影响。拥有更少的资源，无论是时间还是金钱，都会让人们更关注该资源（Shah et al.，2012；Shah et al.，2015；Spiller，2011）。与稀缺理论相一致，拥有较少的实际或感知的时间资源（或金钱资源）会增加人们选择该资源的可能性（Hershfield et al.，2016；Whillans et al.，2016）。一项研究发现，收入较低的人表现出与那些被金钱启动的人相似的行为意图，这表明金钱在经济拮据的人身上已经非常突出（Mogilner，2010）。

然而，就金钱而言，富裕似乎也增加了它的显著性。金钱不仅在更富有的国家更受重视，与主观幸福感的关系更强（Tay et al.，2014），而且非常富有的人表现出与那些被金钱启动的人相似的行为：更少地享受简单的快乐（Quoidbach et al.，2010），从照顾孩子中获得的意义感更少（Kushlev et al.，2012），更不利他（Miller et al.，2015）。

虽然稀缺性和丰富性都增加了人们对金钱的关注，但只有稀缺性才会让人们关注时间及其终极价值。也就是说，时间短缺的心理和行为后果取决于时间是被更具体地解释（例如，按日常日程安排）还是被更抽象地解释（例如，按一个人活着的时间）(Trope & Liberman, 2010)。

人们在日常生活中感到时间紧迫（Goodin et al., 2005; Robinson & Godbey, 2010）被描述为"时间饥荒"(Perlow, 1999)；它困扰着高收入者和低收入者（Hamermesh & Lee, 2007），对于双职工父母群体尤为严重（Gimenez-Nadal & Sevilla-Sanz, 2011; Goodin et al., 2005; Strazdins et al., 2011; Sullivan & Gershuny, 2001）。这种时间稀缺的形式不仅会使人产生压力感（Carroll, 2008; Roxburgh, 2004; Sezer et al., 2016; Strazdins et al., 2016），它也会引发危害主观幸福感的行为：感到时间紧迫的人会变得更不乐于助人、更不活跃、身体也更不健康（Banwell et al., 2005; Darley & Batson, 1973; Jabs et al., 2007; Mogilner, Chance, et al., 2012; Strazdins et al., 2011）。

相反，意识到一个人的生命是有限的，可以通过鼓励人们在生活中的平凡乐趣和亲密关系中找到更大的享受来提高主观幸福感（Bhattacharjee & Mogilner, 2014; Carstensen et al., 1999; Cozzolino et al., 2009; Cozzolino et al., 2004; Kurtz, 2008; Mogilner, Aaker, et al., 2012; Mogilner et al., 2011）。例如，当人们认为他们未来的时间更有限时（Carstensen et al., 1999），他们从平凡的体验中获得更大的快乐，比如吃一块巧克力，在一个阳光明媚的早晨晒太阳，或收到朋友的短信（Bhattacharjee & Mogilner, 2014）。此外，生命所剩的时间的凸显，使人们从平静中而非兴奋中获得更大的幸福（Mogilner et al., 2011），追求与情感相关的目标（Fung & Carstensen, 2006），表现更慷慨（Cozzolino et al., 2004），优先建立亲密的人际关系（Carstensen et al., 1999）。正是意识到人的生命是有限的，人们才会更加慎重地利用时间，并从这些活动中获得更大的快乐。

四、采用更快乐的方式花时间

幸福在一定程度上受遗传因素，如气质（Lykken & Tellegen，1996；Nes & Røysamb，2015）和环境因素（Fujita & Diener，2005；Lucas，2007）的影响，人们在每天和多天内花时间的方式也是幸福的重要决定因素（Lyubomirsky et al.，2005）。

为了提高日常幸福感，人们应该考虑花更多的时间参与能引起积极情绪的活动（Krueger et al.，2009）。为了确定哪些活动能促进积极情绪，研究人员利用昨日重现法（DRM）进行了研究。在 DRM 研究中，参与者被要求每天重现过去 24 小时的活动；然后，参与者被要求报告他们在每段时间中的情绪。研究的初步证据表明，平均而言，人们在从事休闲活动时，如锻炼和社交，比在上下班、工作和做家务时有更多的积极情绪（Kahneman et al.，2006；Kahneman et al.，2004）。然而，值得注意的是，在该领域的一项开创性的 DRM 研究中（Kahneman et al.，2006），一些参与者报告在工作中（相对于休闲或其他活动）感到更快乐，这表明在能够提升幸福感、需要花费时间的活动上，存在个体差异。

通过使用更复杂的数据收集方法，如经验取样法和移动传感技术，研究人员探索了人们应该从事什么样的休闲活动才能获得最大的幸福，进一步扩展了 DRM 研究的发现。在经验取样研究中，参与者被要求在一天随机选取的时间点上报告他们当下的感觉（Csikszentmihalyi & Hunter，2014；Csikszentmihalyi & Larson，2014；Hektner et al.，2007；Napa Scollon et al.，2009）。在移动传感研究中，手机技术悄悄记录了参与者的活动；同时，参与者在一天中按要求报告自己当前的情绪（Berke et al., 2011；Killingsworth & Gilbert, 2010；Lane et al., 2010；Lathia et al., 2017）。

这些尖端方法表明，比起被动的休闲方式，如看电视、放松和小睡，积极的休闲方式，像锻炼、参加志愿服务，与一天中更多的积极情绪相关（Lathia et al., 2017；Richards et al., 2015；Wang et al., 2012；A. Whillans et al., 2017）。例如，一项使用手机软件测量活动水平的新研究表明，人们在过去的25分钟里一直在活动时比坐着或躺着的时候感觉更快乐，无论他们正在做什么（Lathia et al., 2017）。大多数参与者的活动包括散步、慢跑和休闲骑行，即使很少的体力消耗也能改善日常情绪。

（一）建立社会联系

另一种可以提升幸福感的活动是花时间与他人在一起：花时间与他人建立联系往往是大多数人一天中最快乐的部分（Kahneman et al., 2004；Mogilner, 2010），与他人一起的经历比独自的经历会让人产生更大的幸福感（Caprariello & Reis, 2013）。良好的社会关系对身心健康至关重要（Diener & Seligman, 2002）。有分析表明，社会交往对健康的益处与定期锻炼和不吸烟的益处相当（Holt-Lunstad et al., 2015）。即使是短暂的社交互动，比如与星巴克的咖啡师或公交车上的一同通勤的人聊天，也能让人感觉与他人相连，从而提高幸福感（Epley & Schroeder, 2014；Sandstrom & Dunn, 2014）。

（二）帮助他人

花时间帮助他人是另一种可以调节情绪和提升身体健康的活动

(Dunn et al., 2008; Gimenez-Nadal & Molina, 2015; Liu & Aaker, 2008; Weinstein & Ryan, 2010; A. V. Whillans et al., 2017; Whillans et al., 2016)。帮助他人可以减少时间受限带来的压力，从而提升主观幸福感。那些花时间帮助别人的参与者（相对于花时间在自己身上的参与者）报告，他们感觉自己有了更多的时间，部分是因为这让他们意识到他们能利用时间做事情。

（三）积极活跃的状态

正如已经讨论过的，积极的休闲活动似乎确实能提升幸福感（Lathia et al., 2017）。与这些发现一致的是，人们在忙碌时也会感到更快乐，尤其是当他们能够合理化自己的忙碌的时候（Hsee et al., 2010）。在北美地区，忙碌是一种身份的象征（Bellezza et al., 2017）。另一方面，懒散是非常令人心烦的。人们宁愿让自己感到生气，也不愿意独自思考（Wilson et al., 2014）。这些发现能帮助解释为什么失业者（尽管他们有更充裕的自由时间）比有工作的人报告了更低的日常幸福感（Young & Lim, 2014）。然而，值得注意的是，一旦忙碌转化为时间紧张感，人们会体验到更低的积极情绪和生活满意度，这种效应甚至在那些明确表示喜欢忙碌的人身上也存在（Kasser & Sheldon, 2009）。

（四）增加多样性

在贯穿于人们生活的各种活动中，更高的多样性增加了兴奋感和参与感（Etkin & Mogilner, 2016），这有助于抵消享乐适应（Lyubomirsky et al., 2005）。然而，值得注意的是，尽管在一天或一周中进行各种各样的活动会增加幸福感，但将各种各样的活动安排在更短的时间内（例如，一个小时）会让人觉得自己完成的事情更少，从而降低幸福感（Etkin & Mogilner，2016）。这些发现提供了多任务会破坏效率感和幸福感的初步证据。

情感体验的多样性也对总体主观幸福感有好处。"情绪多样性"——人们通常经历的情绪的种类和相对丰富度，可以预测更低的抑郁水平、更少的看病次数和平均水平之上的积极和消极情绪（Quoidbach et al.，2014）。其他研究表明，一个人的情绪体验经历适中程度的变化（相对于太多或太少的变化）可以正向预测幸福，并能改善身体健康（Human et al.，2015；Kashdan & Rottenberg，2010）。积极情绪的过度变化可以预测低水平的生活满意度和严重的抑郁（Gruber et al.，2013）。

与此相关的是，目前研究表明，花太多时间参与社会活动会损害幸福感（Kushlev et al.，2018）。考虑到过度投资于"积极的"时间使用活动可能会损害幸福，未来研究需要了解决定人们从工作和休闲中获得的幸福感的个体差异和社会文化因素，以及人们应该花在工作和社交或休闲活动上的最佳时间。

五、享受时间

除了人们花时间做什么之外，人们在这些活动中的投入程度也会影响幸福感（Nakamura & Csikszentmihalyi，2009）。这说明了享受日常经历的重要性。享受日常经历的一个策略是把它们变成固定程序。例如，当参与者在吃巧克力之前完成一项仪式，他们会认为巧克力更美味、更值得品尝（比如以一种特定的方式撕开巧克力的包装）（Vohs et al.，2013）。除此之外，参与产品的创造可以使产品体验更令人满意，这被称为"宜家效应"（Norton et al., 2012）。

另一个帮助人们享受经历的策略是拍照。拍照可以增加人们的投入度，从而增加人们对积极体验的享受（Diehl et al., 2016）。然而，值得注意的是，为了将照片发布到社交媒体上而拍照会让人们脱离体验，降低对体验的享受（Barasch et al., 2018）。在诸如音乐会或与朋友外出的夜晚等活动中拍摄照片，有助于重新发现以前经历过的事情，从而增强积极情绪（Zhang et al., 2014）。

当人们意识到自己的时间不多了，他们更有可能尽情享受所花的时间。例如，当人们想象这是他们在这个城市的最后一个月，他们从日常体验中获得的享受更多（Kurtz, 2008）；意识到即将毕业的大学生会更多地参与平常的学校活动，并从中体验到更大的快乐（Kurtz, 2008）；而那些暂时放弃某种愉悦的人会在下次体验时从中获得更大的愉悦感（Quoidbach & Dunn, 2013）。特别的经历，不管生命剩余时间多少，都会给人带来很强的幸福感；而平凡的经历对老年人和意识到寿命有限的年轻人来说，会给他们带来高水平的幸福（Bhattacharjee & Mogilner, 2014）。意识到时间宝贵的人，会从即使是最平凡的活动中获得巨大的快乐。

六、从时间中获取意义

目前为止，我们已经回顾了能让我们花时间来提升积极情绪和立即感到幸福的方法。然而，生活中更持久的目的感和意义感也是主观幸福感的重要影响因素（Catapano et al., 2018；Diener et al., 2010；Ryan & Deci, 2001）。因此，除了了解人们应该如何花时间最大程度利用日常情绪之外，搞明白哪些活动能最大化意义感也很重要。

积极情绪较低的时间利用活动，例如，工作或陪孩子（Kahneman et al.，2004）可能是非常有意义的（Nelson et al.，2013；White & Dolan，2009）。这些"客观上不愉快"的日常活动可以通过增强生活的意义感，间接地增强幸福感（White & Dolan，2009）。人们可能花时间来满足幸福的各个组成部分。例如，他们可能会看电视寻求乐趣，可能会做志愿者以获得意义感。为了帮助人们利用时间来最大化主观幸福感，理解人们为什么做一项给定的任务、做什么以及做这件事时的感觉是很重要的。

总的来说，这些发现强调了未来研究的重要领域：更多的研究应了解如何最好地利用时间来最大限度地提高日常幸福感和生活满意度。因为每时每刻的幸福不是简单地加总而成为一个人对这一经历的记忆或总体评价（Diener et al.，2001；Fredrickson & Kahneman，1993；Wirtz et al.，2003），故而一个重要的问题是，哪一种幸福的来源应该被充分利用，以转化为每天和贯穿一生的更大的幸福（Mogilner & Norton，2019）。与此相关的是，未来研究可以探索什么时候应该优先考虑某种形式的幸福（Kashdan & Rottenberg，2010）。

七、采用更快乐的方式花钱

改变人们花时间的方式之一就是改变他们花钱的方式。人们购买（或不购买）的产品和服务本质上是在购买时间：买一台电视就是在购买看电视的时间，花钱雇钟点工就是在购买几个小时的空闲时间，为退休存钱就是在购买更好的未来的时间。因此，关于怎样花钱才能最快乐的研究主要集中在如何花钱会让人们可以更快乐地花时间（Dunn & Norton，2014）。具体而言，越来越多的研究表明，人们为自己购买的物质产品——从汽车、房子到电子产品,往往不能提升幸福感(Dunn & Norton, 2014; Van Boven & Gilovich, 2003)。然而,把钱花在别人身上(而不是自己身上)和购买体验(而非有形资产)可以促进幸福。最后,研究的第三个领域探索了用金钱直接购买更多空闲时间的好处。

需要注意的是,那些没有可自由支配的钱、努力维持收支平衡的人,通常不会面临是否和如何花钱以最大化幸福的决策。尽管如此,许多人还是有一定的可支配收入,这使得这些研究见解与相当比例的人有关。事实上,生活在发达国家的很大一部分人都拥有可观的可自由支配收入(States, 2016),北美家庭平均每年可自由支配收入约为3万美元。

(一)给别人花钱

邓恩等(Dunn et al., 2008)进行了一个简单的实验,测试了为自己消费还是为他人消费会带来更大的幸福感:在加拿大的一所大学里,参与者收到5美元或20美元,并被要求当天将这些钱花在自己或别人身上。当那天晚上联系参与者时,那些被分配到为别人花钱的人比那些被分配为自己花钱的人更快乐,不管花多少钱。亲社会支出带来幸福的效应并不局限于富裕的国家:一项在136个国家中评估慈善捐赠与幸福感之间关系的大规模调查显示,在120个国家中亲社会支出和幸福存在正向联系,而且在大多数抽样国家中存在显著的相关性(Aknin et al., 2013)。

一般来说,当亲社会行为满足三个基本需求(关系需要、胜任需要和自主需要)之一及以上时,亲社会行为最容易对个人幸福感产生积极影响(Weinstein & Ryan, 2010;也见 Dunn et al., 2014)。因此,或许不足为奇的是，当亲社会支出是面对面地执行时（例如，在星巴克请朋友喝咖啡，并陪他们到那里去）（Aknin et al., 2013），以及当人们在强关系联结（如家庭）而不是弱关系联结下（如熟人）（Aknin et al., 2011），会感到更幸福。此外，感知到亲社会的影响，即意识到他们的付出对其他人的生活产生了影响，会提高他们从个人生活（Aknin et al., 2013）和职业生活（Grant & Sonnentag, 2010）的亲社会付出中获得的幸福感。

（二）购买体验

大量研究表明，当为自己花钱时，购买体验比购买物质更能最大化主观幸福感（Gilovich & Kumar, 2015）。在一篇开创性的文章中，范博文和吉洛维奇（Van Boven & Gilovich, 2003）将体验购买定义为一个人经历的一次或一系列事件，而物质购买定义为一个人拥有的有形物质。在相关的一系列研究中，回忆体验购买的人比回忆物质购买的人更快乐，觉得他们的钱花得更好。

几个原因可以解释购买体验比购买物质更幸福。首先，人们对体验的享乐适应要比对拥有物品的享乐适应慢。在一项研究中，购买体验的参与者的幸福感在随后的几天或几周内比购买物质商品的参与者的幸福感下降得更慢（Nicolao et al., 2009）。在另一项研究中，体验购买的幸福感甚至会随着时间的推移而增加（Carter & Gilovich, 2012）。另一个体验购买中获得更大幸福的原因是，与物质相比，体验往往有更强的情感反应和社会联系（Chan & Mogilner, 2017）。因此，相比于物质礼物的接受者，体验式礼物的接受者感觉与送礼者的联系更紧密（Chan & Mogilner, 2017）。此外，实体礼物更有可能是单独使用，而体验购买更有可能与他人一起享受（Caprariello & Reis, 2013），与他人联系的感觉至少可以部分解释随之而来的幸福（Howell & Hill, 2009）。此外，体验购买与人们的认同感紧密地联系在一起，创造出快乐的、给人们一种"他们是谁"的感觉的记忆（Carter & Gilovich, 2012）。这也是为什么人们会不遗余力地去收集（Keinan & Kivetz, 2011）和保护（Zauberman et al., 2009）对于经历的记忆，也是为什么人们会发现重新发现这些记忆是如此愉快的另一个原因（Zhang et al., 2014）。

值得指出的是，体验购买并不总是比物质购买更能提升幸福感。例如，体验购买产生更强烈的幸福感（Chan & Mogilner, 2017），而物质购买产生更频繁的幸福感（Weidman & Dunn, 2016）。未来研究需要准确说明什么时候物质购买比体验购买在增加主观幸福感方面更有效——特别是在最大化当下的幸福感，而不是预期或回顾的幸福感的情况下。未来研究也需要探究一些物质购买——比如一辆新车或一套有景观的房子，是否可以通过促进积极的日常体验来促进长期的幸福感。

（三）购买时间

大量新研究已经探索了用钱买更多空闲时间的好处。威廉斯等人（Whillans et al., 2016）证实了三个主要发现。第一，令人惊讶的是，人们不太可能报告用金钱来购买时间（例如，雇佣他人做一些普通的家务，如打扫、购物和做饭），这表明购买时间并不是金钱的一种常见用途。第二，一项大规模的调查从美国、丹麦、荷兰等许多国家取样，既包括有代表性的样本也包括百万富翁的样本，该调查表明，购买时间与幸福相关。第三，在一项实验中，参与者被要求用得到的40美元购买节省时间的商品或物质商品，结果表明，购买时间会带来更大的幸福感，而这些结果由购买时间在缓解时间贫困上所起的作用所驱动。综合各个实验，最不富有的参与者从购买节省时间的商品中获益最多。这些结果表明，金钱拮据的人更有可能缺乏时间，这可能是因为他们工作的通勤距离更远，或者他们是单身父母。未来研究应进一步阐明何时、为什么购买时间会带来更高水平的幸福感。

本章对已有研究的回顾表明，虽然物质购买通常不会提升幸福，但亲社会支出、体验购买和时间购买会提升幸福。当然，人们显然需要购买一些物质（例如，衣服）。因此，问题依然存在：在这些类别中应该分别分配多少比例的支出？已有研究发现了几个与金钱和幸福相关的中介变量，但哪一个是最重要的？我们假设与他人的联系是最重要的，那么哪种消费方式能最好地增加与他人的联系？是把钱直接花在和他人共同的体验上，还是捐给慈善机构，甚至是购买更多空闲时间与家人朋友在一起？未来研究需要比较用金钱购买幸福的不同方法的相对效益；此外，还应探索哪些人会从某个类别的消费中受益最多。最近的研究发现，人格可以调节为他人花钱和物质购买带来的好处（Matz et al.，2016）。因此，未来研究应该探索人格因素和可支配收入如何相互作用，以预测各种消费选择的好处。

本章回顾了对时间和金钱的态度和花费方式如何塑造主观幸福感。值得注意的是，许多效应取决于主观幸福感的时间背景——幸福是在当下、回忆过去还是在预测未来时感受到的。下一步，研究人员应该更精确地描述时间和金钱在日常幸福感、前瞻和回溯的幸福感以及对幸福生活的总体评估中的作用。研究人员还应该通过对非西方样本、低收入和高收入阶层的群体进行取样，增加本章报告的关于时间使用和幸福感的调查结果的代表性和普遍性（Henrich et al.，2010）。

此外，虽然我们把个人的幸福作为分析单位，但未来的研究应该考虑时间和金钱对伴侣、家庭、组织和社会的幸福的影响。例如，管理、分享和给予时间和金钱的各种方法是如何影响关系满意度的？在关系领域的文献中，关于共同阅读小说的经历（Aron et al.，2000）、感恩的表达（Algoe et al.，2010）和仪式（Sezer et al.，2016）的研究结果表明这是一个成熟的研究领域。类似地，从组织的角度来看，各种组织可能会考虑如何用时间（如假期、弹性工作时间）或金钱（如薪水、福利）来补偿员工，从而提升工作满意度。

时间和金钱可以说是生命中最宝贵的资源。进一步理解人们如何花费、思考和评估他们的时间和金钱，将有助于回答如何最大化个人和社会福祉这一更广泛、更基本的问题。

第八章 二维时间贫困与健康之间的关系

无论是物质资源的分配还是社会资源的分配都是分析社会如何塑造健康的关键（Scambler，2012）。时间是另一种人们获得良好健康所需的资源，解决其社会模式和健康后果将有助于实现公共健康目标（Strazdins et al.，2011）。缺乏时间是人们不锻炼或不吃健康食品的最常见的原因之一，而这些行为对遏制慢性疾病至关重要（Banwell et al.，2005；Jabs & Devine，2006；Sherwood & Jeffery，2000）。建立强大的支持性的社会关系需要时间，挣钱和看病也需要时间。尽管时间与个人健康之间很可能存在关系，但是，时间作为健康的社会性决定因素的作用在很大程度上仍缺乏理论探索和实证检验；指向时间贫困的健康政策或干预措施几乎没有，有关健康的定量研究也几乎没有对它进行系统研究。

进行定量研究的一个障碍是如何思考和测量时间。在人口健康领域之外，存在着一套完善的文献体系将时间、时间维度及其对人们的架构、权力和价值体验的意义进行理论化。在迄今为止为数不多的定量研究中，时间被衡量为小时数，即人们分配给活动的数量（也被称为时钟时间）。对人们时间的限制可能来自于过度的需求或竞争性的需求（没有足够的时间）（Spinney & Millward，2010）或来自于优先事项和态度（当人们有足够的时间但问题在于他们该如何分配这些时间）（Trost et al.，2002）。然而，当人们说他们没有足够的时间时，他们也可能指的是时间的其他方面，比如时间体验的强度，这与生活节奏的加快、匆忙和试图做更多的事情有关（Southerton，2003；Teuchmann et al.，1999）。时间的这一方面以及它对健康的潜在影响，很少被给予与时间不足造成的影响相同的合理认识，然而，匆忙和时间使用强度的增加已经成为当代市场社会的一个决定性特征，产生了一种新的现代性理论（Rosa，2013）。

技术和对效率的重视意味着活动和任务会出现得更快，而且可预期会有更少的休息时间；人们匆忙完成任务或同时进行多个任务，努力保持节奏或给其他事情腾出时间（Southerton，2003）。这种情况在工作内和工作外都常常出现，当一个人既要工作又要照顾孩子的时候，这种情况尤其严重（Wajcman，2008）。尽管对很多人来说工作时间减少了，但时间压力的报告却增加了（Robinson & Godbey，2005）。这种明显的时间上的悖论一方面反映了尚未解决的、个人护理和有偿工作对时间的竞争性需求，另一方面还反映了社会加速的体验（Rosa，2013）。它还进一步反映了在考察时间贫困的感受时，仅仅测量一个维度是不够的：时间在数量上的不足并不能揭示时间使用强度的增加。

本章将介绍斯楚戴斯等人（Strazdins et al.，2016）所做的一个实证研究，该研究试图在时间和健康的定量研究中引入一种多维度的视角。第一步是开发一种可行的方法，使得对时间的测量可以加入到流行病学研究和队列研究之中。为此，研究者首先探讨了考虑时间的两个维度（数量和强度）的理论基础，讨论了测量这两个维度的方法，考察这两个维度的社会分布模式，最后考虑他们与健康之间的关系。该研究的目的希望推动将时间作为健康的社会决定因素的研究和政策取向。

一、时间的两个维度

已经有理论支持对时间多个维度的考虑（Adam，2013；Shove et al.，2020）。在本章中，借鉴了政治经济学和社会学的理论，提出对于当代社会而言时间最关键的两个维度。在市场经济中，雇主为工人的时间付费，从而定义了一种基本的社会关系。在这种工资—时间的交换中，时间不仅指人们工作的长度，而且指工作的速度：这两个要素内嵌于马克思的理论（《资本论》，第一卷，1978）。马克思认为，在保持工资不变的前提下，可以通过增加人们的工作时间数量，或者通过增加工作时间的强度（即工作的速度以及单位时间的工作量）从而提高利润。时间的数量和时间的强度在工资—时间的交换中一直扮演着重要的角色，并且是社会分层必不可少的组成部分。权力关系部分上取决于人们在多大程度上有能力决定时间—工资的交换关系，即他们能得到多少钱以及他们需要工作多久以及多快才可以赚到这些钱。

此外，市场对于时间的要求并不是一成不变的：时间的数量和时间强度是可以互换的。因此，工作时间的长度可以随着强度（以及潜在的生产率）的增加而减少，这就是为什么工作时间从1850年的每天12小时下降到1950年的8小时的一个原因（Nyland，1990）。然而，这并不一定意味着随着工作时间的减少，人们会觉得他们有更多的时间，因为他们现在试图在每个小时内实现更多的目标，而且做事的速度更快，也就是说，他们的时间强度增加了。我们并不能假设工作时间的长度会一直下降，或者工作强度会稳定不变。由于技术的助力，新工作时代正在不断的重新定义绩效，这一点又反过来影响着人们的时间。由于工作取得的成效是至关重要的，这就导致了所谓的无边界工作。

这些工作在空间上和在时间上都非常灵活,这就意味着只要能完成工作,它可以在任何地方和任何时间进行。这一方面有助于人们在兼顾其他事务的同时安排自己的动作,另一方面侵蚀了关于工作多久、什么时候工作以及工作多快的任何可能的限制(Albertsen et al.,2010;Kamp et al.,2011)。

在家庭里,照顾孩子和家务工作(主要是妇女的工作)并未包括在工资-时间的交换关系中,但是,这两种形式的工作都是耗费时间的、可测量的并且容易变成高强度的(Brown & Warner - Smith,2005)。例如,与有一个或多个孩子的家庭相比,没有孩子的美国家庭估计每天有近 3 小时的(自由)时间优势(Kalenkoski et al.,2011)。女性比男性更有可能赶时间,而且,即使她们有固定的有偿工作,她们也往往要承担更多的照料孩子的无偿工作(Mattingly & Blanchi,2003)。除了工作时间的强度很可能更大之外,女性还可能在总体上面临更多的时间承诺,而且,她们的很多时间是没有收入作为回报的:所有这些都可能导致在健康方面的性别差异(Bird & Fremont,1991)。

(一)测量时间的数量

大多有关时间的定量研究都是将合同时间(工作和相关的交通)、承诺时间(照顾孩子,无偿或家务劳动)和必要时间(个人护理、睡觉和吃饭)进行加总(Harvey & Mukhopadhyay,2007)。当剩余的自由时间不足时,就会出现时间贫困。与收入贫困相类似,自由时间是否充足的衡量标准是基于人口中自由时间中位数的 50%、60% 或 70% 计算的(Kalenkoski et al.,2011)。时间使用日志是评估时间数量的最准确方式,它记录了人们在 24 小时内所做的事情(通常以 10 或 15 分钟为间隔),确定他们的主要活动(例如,准备一顿饭),以及在某些情况下的次要活动（例如，同时还要辅导孩子做家庭作业）。

然而，时间日志相对昂贵，对受访者来说可能是个负担（Schulz & Grunow，2012）。记录日志的那几天可能不具有代表性，从而使得对时间使用数据进行纵向追踪比较可能会有问题。还有一些其他的时间使用的测量方法或许更适合用于流行病学设计的研究之中（Juster et al.，2003）。一种方法是采用问卷调查，要求人们估计每周花在相关活动上的时间数量（例如家务、购物和做饭），并且问卷的题目比较短。虽然问卷调查的方法可能存在回忆偏差，通常导致对非结构化的活动的高估，如家务劳动和照料工作（Juster et al.，2003；Schulz & Grunow，2012），但它提供了相当准确地对工作和通勤时间的估计（Sonnenberg et al.，2012）。这种方法还保留了时间使用的排序数据，而这类数据对于纵向数据分析是有用的（Juster et al.，2003）。

（二）测量时间强度

测量人们花在特定类型活动上的时间并不能揭示他们是否匆忙。但是，并没有直接评估强度的黄金标准，所以大多数测量方法都评估的是人们对于工作时间强度的感知（Gunthorpe & Lyons，2004）。已有测量方式的一个关键问题是，几乎所有的测量都局限于工作场所，并且只适用于对就业人员的研究。只有一个指数既评估了在工作角色中，也评估了在非工作角色中感到的"时间紧张"，尽管它还包含了一些关于普遍感到的担忧、陷入困境或感到压力的题目（这些题目可能与心理健康相混淆）（Zukewich，2003）。不过，在加拿大、英国、欧洲、美国和澳大利亚的人口调查中，"你多久会感到时间紧迫？"这一题目已经被广泛使用。匆忙和时间压力与时间强度的关键要素密切相关：多任务并行处理、快速的工作节奏、紧迫的截止时限、频繁使用手机以及一边工作一边照料孩子（Bittman et al.，2009；Bittman & Wajcman，2000；Gunthorpe & Lyons，2004；Mattingly & Blanchi，2003）。

（三）时间贫困和健康之间的关系

像其他由于社会因素而形成不同的分配结构的资源一样，时间贫困很可能与健康的多个方面有关。但是，已有文献在考察时间贫困和健康之间关系及其内在机制方面存在巨大的空白；迄今为止的研究基本上是零散的，没有一项研究将时间的数量和时间强度放在一起同时加以考虑。下面，对已有的研究进行简要的总结，以指导进一步的分析和理论构建。

时间上的限制可能会阻碍对于健康而言非常重要的行为，特别是体育活动和准备健康食物。如前所述，缺乏时间是很多人声称他们不锻炼的原因（Reichert et al.，2007；Sherwood & Jeffery，2000；Spinney & Millward，2010）。但是，几乎没有研究考察时间强度对健康行为的影响。匆忙会导致身体和认知疲劳，这使得休息和恢复成为当务之急，而不是健康行为（Shah et al.，2012；Teuchmann et al.，1999）。

缺少时间和匆忙也会对健康造成直接的影响。例如，时间不够、匆忙、疲劳以及时间压力导致消极情绪，并且很可能会影响通过生理—行为应激反应来影响健康（Lundberg，1993；Offer & Schneider，2011；Teuchmann et al.，1999）。长时间的工作可能会增加冠心病和抑郁症的风险（Virtanen et al.，2011），尽管一项时间使用日志数据的横断研究发现，有大量时间承诺（工作和非工作）的人报告了更好而不是更坏的自我健康评价（Kalenkoski et al.，2011）。有偿与无偿承诺时间的相对比重也可能影响健康，一些研究表明，长时间的无偿工作是有害的（Bird & Fremont，1991），其他研究表明，有偿和无偿时间的组合才是最容易产生问题的（MacDonald et al., 2005）。时间强度似乎与冠心病（Strodl et al., 2003）或一般健康主诉（Roelen et al., 2008）没有关系。一些研究发现时间强度与较差的自评健康、睡眠问题和心身疾病抱怨有关（Höge, 2009；Zuzanek, 2004a），但最一致的发现是，时间强度与更差的心理健康密切相关（De Raeve et al., 2009；Roxburgh, 2004）。

以上讨论的所有研究都假设时间贫困和健康之间的关系是单向的，也就是说时间贫困影响健康。然而，时间贫困和健康之间可能还存在其他方式相互影响。健康不佳限制了人们如何使用他们的时间，并且不良的健康状况本身可能就很耗费时间。比如，不良的健康使得人们经常需要看病、吃药、做检查，耗费了原本已经不足的时间资源。健康不佳特别影响有偿工作，导致糟糕的健康、低收入情况同时出现（Podor & Halliday, 2012）。在这种情况下，是健康在影响人们使用他们时间的能力，但是这个过程也存在深层次的社会性特征；健康在多大程度上将人们排斥在就业之外源于社会机构、时长以及社会所看重的属性特征（West, 1991）。马克思和罗莎·卢森堡（Rosa Luxemburg）的分析都表明时间将在这里发挥作用，因为从雇主的角度来看，适应性强、随时可用、善于多任务并行处理并且能快速工作，这些属性特征都是有价值的。由于健康导致的无法跟上和应付时间要求很高的工作可能是慢性病患者被排除在劳动力市场之外的原因之一（Pagán-Rodríguez, 2013）。

研究者的目的是将时间-健康关系的定量方法与社会理论联系起来。具体目标是：①描述时间贫困，包括时间不足（数量）和匆忙感（强度）在主要社会人口变量上的分布模式；②考察时间数量不足、强度过大与健康行为以及健康状况（体育活动，自评的心理健康）的关系。此外，还探讨了相对于无偿工作，有偿工作在不同社会群体中的分布模式；并且考察了个体用于有偿工作和无偿工作的相对比例与其健康状况之间的关系。

研究者预计人们源于时间数量的贫困和源于时间强度的贫困会因性别、就业状况、孩子照料情况以及生命历程的不同阶段而有所不同。时间数量的贫困和时间强度的贫困两者是相关的但是可以明确区分的不同方面。根据迄今为止的研究结果，源于时间数量的贫困和源于时间强度的贫困有可能显示出与健康结果不同的关联模式。例如，工作的时长数可能与体育活动关系更为密切，而工作的强度，即匆忙感，更可能与心理健康密切相关。但是，健康不佳也可能会限制适应性和工作的能力（包括有偿工作和无偿工作）。在这种情况下，健康影响着时间的数量和强度，而不是相反。因此，既考虑那些有健康限制的人们，也会考虑那些没有健康限制的人们的时间—健康关系。

二、研究方法及主要发现

（一）数据和样本

该研究使用了第 9 波澳大利亚家庭、收入和劳动力动态调查（Household, Income and Labour Dynamics of Australia, HILDA）的数据（收集于 2009 年）（Watson & Wooden, 2012）。HILDA 调查采用了年度的基于家庭的面板设计，对所有居住在私人住宅的人进行取样（偏远和非常偏远地区的抽样调查不足）。与人口普查数据的比较表明，HILDA 的样本广泛代表了居住在私人住宅的 15 岁及以上的澳大利亚人（Watson & Wooden, 2012）。本研究的数据是通过访谈和邮寄的问卷收集的。

在 HILDA 的第一波调查中，有 11693 个家庭被统计。6872 个家庭中的所有符合要求的人员完成了访谈，另外 810 个家庭中至少有一名符合要求的人员完成了访谈，最终的家庭应答率为 66%，个人应答率为 61%。在随后批次的调查中，家庭回应率为 87% 至 96%（Watson，2012）。年轻人、原住民、单身、失业、低技能或出生于非英语国家的受访者流失率最高。第 9 波调查包含了 6667 个家庭（13301 人）的数据。

（二）测量工具及主要研究结果

时间数量：受访者以小时或分钟为单位估计他们"在一个典型的星期里会在以下每项活动上花费多少时间"。研究者同时提供给受访者一份附有例子的活动清单。这些活动包括有偿工作和通勤、家务劳动、志愿服务和家庭照料，使用的活动分类与在时间使用日志研究中的活动分类相类似。

时间强度：匆忙是通过一个项目来衡量的，即"你多久会感到匆忙或时间紧迫？"使用五点量表，1 = 从不，5 = 几乎总是。

研究结果表明，每周工作的总时长取值从 0 到 148.5 小时，加权平均值为 52 小时 26 分钟。接近一半（48.9%）的人的工作总时长中有偿工作过半。尽管男性和女性工作总时长相似，但是他们的工作时间有偿和无偿差异显著：男性平均而言在总工作时长 53 小时中有 32 小时用于有偿工作，而女性则在总工作时长 51 小时中有 20 小时用于有偿工作。有偿和无偿工作的相对比重在不同年龄、生命周期，以及社会经济地位上存在差异。总体而言，13% 的受访者被归为时间数量不足，即工作时长太长导致自由支配时间不足（具体而言，工作时长大于中位数的150%），超过35.5%的人报告说几乎总是或经常感到匆忙。那些被归类为匆忙的人每周工作64小时，而那些从未、很少或有时候感到匆忙的人则每周工作46小时。那些被归为时间数量不足的人中，23%的人报告说经常或几乎总是感到匆忙，而经常或总是感到匆忙的人中有60%也是时间数量不足。

1. 数量不足型时间贫困的社会模式

就发生率而言，最有可能成为数量不足型时间贫困者的年龄为35岁至44岁（27%），收入位于人群中的前四分之一（21%），有工作（20%）和家庭中有孩子，当家庭中有15岁以下儿童时，数量不足型时间贫困发生率尤其高（≥32%）。男性比女性成为数量不足型时间贫困者的可能性稍微高一点（分别为15%和12%）。在未经调整的分析中，教育水平、作为照料者和有健康问题与数量不足型时间贫困没有关系。在对所有变量进行校正后，有工作和家庭中有孩子仍然与数量不足型时间贫困关系密切。与没有工作的人相比，工作的人发生数量不足型时间贫困的可能性增加了9倍。与没有孩子的人相比，家庭中有1个或2个及更多孩子会导致数量不足型时间贫困的可能性分别增加6倍和8倍。调整后，数量不足型时间贫困与收入和年龄的关系减弱了，并且男性陷入数量不足型时间贫困的几率变得不显著了。

2. 强度过大型时间贫困的社会模式

未经调整的分析表明，最有可能感到匆忙和时间紧迫的人年龄在35岁至44岁（50%），收入位于人群中的前四分之一（50%），有工作（44%）和家庭中有孩子（≥50%），这一社会模式与数量不足型时间贫困的模式类似。然而，与之不同的是，女性比男性更可能匆忙（分别为39%和32%），照料者比非照料者更可能匆忙（分别为43%和

35%)。在对所有变量进行调整后，有工作和家庭中有孩子仍然与匆忙这种强度过大型时间贫困关系密切，这一模式和数量不足型时间贫困也是一致的。收入与此无关，但是处于社会劣势（单亲）和女性发生强度过大型时间贫困的可能性增加了。此外，那些报告由健康问题的人更可能感到匆忙。

3. 时间-健康关系

所有模型都根据性别、年龄和收入进行了调整之后，对于身体活动，不包括最低的工作时间类别（0—19小时和从不），随着数量型时间贫困和强度型时间贫困的增加，人们不运动的可能性也显著增加（线性趋势都是 $P<0.001$）。就数量型时间贫困而言，与每周 20-39 小时工作时间的人相比，60—79 小时工作时间的人们不运动几率为 1.32（95% CI 为 1.07—1.60），80—99 小时工作时间的人们不运动的几率为 1.39（95% CI 为 1.09—1.76），而 100 小时以上工作时间的人们不运动的几率增加到 1.55（95% CI 为 1.09—2.19）。就强度型时间贫困而言，与很少匆忙相比，经常匆忙的人不运动的几率是 1.44（95% CI 1.21—1.70），而总是匆忙的人则为 1.48（95% CI 1.18—1.87）。

自评健康状况与工作时间的长短没有关系。然而，自评健康状况与强度型时间贫困的关系非常密切，人们越是匆忙，自评健康状况不佳的几率就越大（趋势 $P<0.001$）。与很少匆忙的人相比，经常和总是匆忙的人自评健康较差的 OR 值为 1.83（95% CI 1.26—2.64）和 3.15（95% CI 2.00—4.94）。

同样，心理健康问题与工作时间的长短没有关系。然而，心理健康问题随着匆忙感的增加而增加（趋势 $P<0.001$）。与很少匆忙的人相比，有时匆忙的 OR 值为 1.62（95% CI 1.16—2.27），而经常和总

是匆忙的人的心理健康较差的 OR 值则分别为 3.18（95% CI 2.29—4.42）和 5.11（95% CI 3.45—7.58）。

在调整了年龄、性别、家庭收入和总时间数量后，相对于无偿工作而言，花更多的时间在有偿工作上，不参加体育运动的几率更高（OR 值为 1.28，95% CI 为 1.10—1.48）；但是花更多时间在有偿工作上并未发现与自评健康或心理健康之间的关系。

4. 时间—健康关系是否因性别而异

分别在男性和女性的调整模型中引入了性别与工作时间长度的交互项、性别与匆忙感的交互项，以及性别与用于无偿工作的时间比例的交互项，结果发现，除了匆忙之外，工作时间的数量和健康结果之间的关联没有明显的性别差异。结果发现在男性中，匆忙和自评健康较差之间有更强的关联（性别与匆忙的 OR = 0.78，95% CI 0.61—0.99）。

5. 额外的交互分析

结果没有发现数量型时间贫困和强度型时间贫困之间显著的交互效应。然而，在缺乏体育运动方面存在与强度型时间贫困和收入之间的交互作用，在高收入群体中，匆忙与缺乏体育运动之间的相关更强（$p<0.05$）。将样本限制在工作群体中（n=5845），进一步检验了数量型时间贫困、强度型时间贫困和健康之间的关联是否因（1）与劳动力市场的关系（自营职业者 vs 雇员）和（2）工作时间自主性和工作控制感而有所不同。这些额外的分析对年龄、性别和家庭收入进行了调整。在健康方面，并没有发现自营职业和数量型时间贫困之间的交互效应，然而，数据表明自营职业者感到匆忙时更可能不去体育锻炼。对于那些自我报告总是匆忙的自营职业者，调整后的缺乏身体活动的

几率为 2.37（95% CI 为 1.06—5.31）。对工作时间的控制感和对工作任务的控制感都降低了自评健康较差或者心理健康不佳的可能性，但是控制感与时间的数量和强度并没有交互作用。

三、二维时间贫困与健康之间关系的启示

在短短几代人的时间内，通信、旅行、消费和生产的速度已经提高了一个数量级（Rosa，2013）。在更私密的范围内，劳动力参与度的提高将妇女的时间转移到了市场工作上，而照顾家庭工作却没有相应减少，这就造成了与时间有关的社会分工，与性别和生命历程交织在一起。社会学家将现代描述为加速的时代，强调重新定义社会秩序后新的时间体验，而政治经济学家则认为工资 - 时间交换是权力关系的根本。为了将这一理论与健康的社会决定因素研究联系起来，研究者提出了对时间的数量和时间的强度分别进行测量的方法，这一方法未来可以用于基于问卷的队列研究或面板研究。数据表明，数量不足型时间贫困与强度过大型时间贫困两者具有实质性的不同，并且这样的概念划分是有效的；两种类型的时间贫困具有不同的社会模式，而且他们都与健康息息相关。

关于时间和健康以及健康行为的定量研究非常有限。然而，本研究结果与目前已发表的研究结果非常一致。斯平尼和米尔沃德（Spinney & Millward，2010）的时间日志研究发现，用于家庭照料、旅行或工作上的时间越长（数量型时间贫困）则体育运动更少。本研究也发现，时间数量不足导致的时间贫困与缺乏体育活动关系密切。但是，研究还发现，时间的另一个维度——匆忙，这一时间的强度维度，可能同样重要。在本研究的样本中，近三分之一的人表示他们经常或总

是感到匆忙，而在那些匆忙的人中，60%的人同时也是时间数量不足的。匆忙与努力节省时间、尽力准时有关。它不仅普遍存在并与较低的体育活动有关，而且经常感到匆忙与自评健康较差和心理健康问题也密不可分。

在本研究中，选择了一个相对健康的成年人群体，没有发现花在工作和照顾家庭上的时间长度与健康自评或心理健康的好坏有关。然而，确实发现数量型时间贫困会伴随着体育运动的减少。体育运动的减少最终反应在身体健康上需要比较长的时间。因此，就健康状况而言，数量型时间贫困的持续时长可能是关键。需要对其和健康之间的关系进行长期的追踪研究才可能发现规律。

进一步发现，时间数量的不足和时间强度过大是具有特定的社会模式的，因此可能是健康不平等的另一个根源。与之前的研究相一致（Chatzitheochari & Arber, 2012；Offer & Schneider, 2011），研究发现工作和照料负担重的人更有可能是时间数量不足和强度过大的。女性、单亲父母和有健康问题的人特别容易匆忙，而匆忙也与较少的时间自主性和更大的工作-家庭冲突有关。这些在时间强度、自主性和照料，与社会地位之间的关系或许反映了被边缘化的时间特征（Scambler，2012），因为干得更多并且干的更快才能跟上步伐，特别是在竞争激烈的劳动力市场中，这种市场宠幸的是那些在时间上毫无牵挂的人们。一旦一个人因为时间的限制而没法跟上市场的节奏，那她或他就很可能会被边缘化并最终被淘汰出局，被这个加速的社会所抛弃。

时间应该成为有关健康的性别差异分析的内在组成部分。事实上，在性别不平等分析中，时间已经成为其中一个部分（Mattingly & Blanchi, 2003；Sayer, 2005）。结果显示，时间-健康关系与男性和女性都有关系。只不过影响的方式不同，影响的维度也不同。女性更有可能匆忙，而匆忙与所有三个有关健康的结果变量都存在不利的联系。这就造成了由于时间而不是生理因素所导致的女性在健康问题上的脆弱性（Roxburgh，2004）。然而，研究结果发现在那些报告自己经常匆忙的男性中，有6%报告了更差的自评健康状况。虽然本研究无法解释为什么会出现这种情况，但这部分男性很有可能肩负着一边工作一遍照料孩子的角色。

研究结果有几个重要的注意事项。首先，研究设计是横断的，这限制了推断因果方向和解决内生性的能力。其次，时间是一个复杂且多面的概念，正因为如此，时间这个概念具有很强的力量。本研究选择了两个维度——数量和强度，强调这两个维度在概念上的核心地位，但是还存在其他的与健康有关的维度，包括时间自主性、时间的同步性以及时间的序列性，这些都是定性研究一直在探索的（Adam，2013；Shove et al.，2020）。因此，本研究的理论是不完整的。

这项研究推进了关于社会如何塑造健康的认识。时间是一种健康的资源，它与通常被认为是社会地位和特权标志的其他资源有联系，但又有所不同。虽然每个人每天都有24小时，但人们在工作、照料、休息、休闲，因而在健康方面的投入时间的多少，以及他们做事的速度，既不是固定不变的，也不是给定的，正如历史上和人群中的工作时间制度的多样性所见证的那样。事实上，将时间转化为小时和分钟本身就是一种社会工具（Thompson，1967）。时间是有价值的，它可以用来换取收入，它是一种有限的资源，但它也是每天都可以再生的，这些特点使得时间与其他社会资源相区别。如果阶级和权力关系是通过资产和资源的流动来实施的，这些资源包括物质的、生理的、心理的、社会的、文化的以及空间的（Scambler，2007）。这篇文章的贡献是将时间资源纳入到这一分析中来。

这一研究的第二个贡献是方法上的。如果要将时间纳入量化健康研究的主流，并对公共健康干预措施进行评估，就需要有效的测量方法。本研究回顾了测量时间的社会科学方法，并提出了可行的、简短的、适合定量数据分析的测量方法，同时鼓励采用分维度的方法。本研究的测量方法可用于建立时间使用的模型，分解每小时时间使用的类型和构成，或者采用二分法来识别时间数量不足和时间强度过大。重要的是，这些测量方法适用于纵向研究，这对理解因果关系至关重要，从而推动时间贫困领域的发展。

这一研究的第三个贡献是实证性的。这一研究报告了初步的证据，即时间可能是体育活动、心理健康和自评健康的决定因素。本研究进一步表明，像其他社会资源一样，时间与健康之间可能是多重的和互惠的关系。分析表明，线性方法可能扭曲和低估时间与健康之间的联系，健康对时间使用的影响过程、社会选择过程以及内生性的问题都需要被考虑。

四、总结

工作时间普遍减少了，技术也加快了，为什么人们说他们时间贫困？社会科学理论提供了一些见解，提出日益增长的财富、速度和生产力是以时间为代价的。随着社会的发展，这种人们在时间上的压力不太可能减少。随着国家的城市化和城市的扩张，旅行和通勤为每天增加了更多时间的需求。弹性管理、灵活的劳动力市场正在创造无边界的工作，释放了对人们工作时长、何时工作以及工作速度的限制。推动生产率的提高并且加快生产和服务的提供伴随着时间强度进一步增加。而对照料的相对贬值则意味着，当一个人一边工作一边照料孩子时，会陷入困境同时可能会产生劳动力市场上的性别歧视。公共卫生运动敦促人们多锻炼身体，最新的建议是每天运动 30 分钟。事实上，许多公共卫生政策和干预措施都存在一个需要考虑的时间维度。这个研究启示我们，时间应该被视为一个健康的社会决定因素而得到更多的关注。

第九章　懒散与忙碌

时间是最珍贵、最公平的资源。时间的流逝是连续的、不间断的，每个人所拥有的时间是有限的，只有微小的变化。尽管人类活动的任何形式都不会对时间的实际流逝产生任何影响，但人类对时间的感知会受到任务参与的系统性影响——人们花费时间、消耗时间、消磨时间和浪费时间。从忙碌到空闲，时间的不同使用方式导致对时间的不同认知，并产生深远的影响。

在这一章中，我们回顾了研究中日益增长的关于实际时间消耗和感知时间消耗的研究，重点是懒散和忙碌。我们简要地综述了以往研究经验发现，这些发现强调了普遍存在的对懒散的厌恶和对有目的的忙碌的需要，这是人类活动的基础。特别是，我们提出了一种可能性，即人们追求的许多声称的目标可能是忙碌的理由。最后，我们讨论了懒散厌恶和忙碌寻求对国家和人类社会未来发展的影响。

一、实际时间消耗：懒散和忙碌

在有限的终身时间约束下，人们试图通过最大化生命回报和最大限度地减少无所事事来有成效地、有目的地使用资源。因为时间是不可替代的，也是不可转移的，所以在某种意义上，无所事事是对个人生命的浪费。尽管如此，偶尔的无所事事是不可避免的，因为个人对时间使用的控制是有限的。

当人们无事可做或对外部任务的参与度较低时，就经常懒散（Killingsworth & Gilbert, 2010）。在无所事事时，思维会游荡并回归其默认模式（Buckner et al., 2008; Mason et al., 2007），产生与刺激无关的思维，这些思维通常是内在定向的，但不是特别集中（Mason et al., 2007）。懒散令人厌恶（Franklin et al., 2013; Hsee et al., 2010; Killingsworth & Gilbert, 2010; Wilson et al., 2014），这不仅是因为它浪费主要资源，还因为它会导致无聊和焦虑（Eastwood et al., 2012; Osuna, 1985; Taylor, 1994）。此外，长期无所事事可能会损害身心健康（Csikszentmihalyi & LeFevre, 1989; Holder et al., 2009）。经历过懒散的失业者和无技能者往往报告自己的受尊敬程度降低，抑郁症状增加（Clark & Oswald, 2012; Goldsmith et al., 1997; Shamir, 1986）。同样，经历过无所事事的制度化养老院居民倾向于报告控制感、能力和整体幸福感下降（Kasser & Ryan, 1999; Langer & Rodin, 1976; Rodin & Langer, 1977）。

重要的是，懒散不同于休养和积极的休闲。我们将休养理论化为人们在参与任务之间经常需要的休息，在此期间，他们利用未占用的时间休息、刷新和重新激发精力，以便更充分地参与即将到来的目标追求。因此，休养可以是一种工具性的时间利用，以最大限度地体验随后的忙碌。与闲散和休养不同，积极休闲是自愿将时间用于娱乐和放松。从这个意义上说，我们对懒散的定义类似于通常所说的被动休闲（Csikszentmihalyi & LeFevre, 1989; Holder et al., 2009），而主动休闲是一种忙碌（Csikszentmihalyi & LeFevre, 1989）。对体验质量的实证研究表明，认知参与的最佳水平，或者说"心流"，与工作和休闲中忙碌体验的质量正相关（Csikszentmihalyi，1997b；Csikszentmihalyi & LeFevre，1989）。

与懒散相反，忙碌有许多益处。忙碌可以向自己传达能力（Mochon et al.，2012），可以提高任务完成的感知效率同时减轻一个人的失败感（Wilcox et al.，2016），表明一个人的人力资本和社会地位的优越价值（Bellezza et al.，2017；Keinan et al.，2019）。在一项经典的野外实验中，被要求照料植物并为自己的日常活动做出决定的养老院居民，在几周后保持了更好的认知功能和总体幸福感，18个月后死亡率更低，与类似的一组相比，他们被告知护士会照顾他们的植物，并决定他们的日常活动（Langer & Rodin，1976；Rodin & Langer，1977）。这些发现揭示了有目的的忙碌比舒适的无所事事对整体生活质量的长期益处。

二、感知的时间消耗：空闲还是忙碌

时间感知的关键是时间意识，它会受到活动参与度和动机的影响（Baker & Cameron，1996；Fraisse，1984）。当一个人的大脑处于空闲状态，缺乏内在动机时，时间意识会增强，而当一个人努力追求目标，并且对目标有内在动机时，时间意识会减弱（Conti，2001；Wenke & Haggard，2009）。无所事事的时间，比如等待，通常被认为比实际时间长（Baker & Cameron，1996；Loehlin，1959）。这种意识的提高进一步放大了人们认为自己浪费时间的程度，使这种体验更令人厌恶（Baker & Cameron，1996；Loehlin，1959）。

相比之下，忙碌时的时间意识会降低。高水平的认知参与和内在动机使时间的流逝看起来很快（Droit‐Volet & Meck，2007；Wenke &

Haggard，2009）。例如，当"心流"体验出现时，人们会在活动中迷失自己，将注意力集中在当下——享受持续的认知参与，忘记时间（Csikszentmihalyi，1997b；Nakamura & Csikszentmihalyi，2014）。因此，"心流"体验可以被解释为最佳忙碌状态的缩影，在此期间，有目的地利用时间伴随着有效的精神资源分配。总之，对时间的意识进一步加剧了对懒散和忙碌的情感评价：懒散使时间过得更慢，而忙碌往往伴随着"时间飞逝"的体验。

三、懒散厌恶和合理忙碌的需要

大多数人都害怕无所事事，并享受至少适度的忙碌。然而，忙碌本身并不能保证时间的有效利用，因为毫无目的的忙碌只会通过消耗能量和其他资源来填满时间。因此，人们希望忙碌是有目的的，或者至少看起来是有目的的。我们认为，虽然长期以来人们一直认为忙碌是为了追求目标，但人们追求目标可能是为了获得快乐。这一概念是奚等人（Hsee et al.，2010）在一系列实验中首次验证。参与者被招募到一个实验室填写一份问卷，并被要求在两个地点中的一个送回完成的问卷：其中，一个附近的地点让参与者有大约 15 分钟的等待时间，另一个地点（12—15 分钟的往返行程）让参与者在下一个任务之前几乎没有等待时间。参与者被告知，作为对完成调查的感谢他们将收到一块巧克力，无论是牛奶巧克力还是黑巧克力。一半的参与者（随机选择）被告知这两个地点都提供两种口味，因此他们没有理由去更远的地点送回问卷；另一半参与者被告知，一个地点只提供牛奶巧克力，而另一个地点只提供黑巧克力——被试间两个地点口味分布是平衡的——因此参与者可以使用不同的巧克力口味来证明步行到遥远的地点是合理的。

当两个地点的巧克力口味相同时，大多数参与者（68%）选择在附近的地点送还问卷，然后无所事事地等待。但当巧克力口味不同时，大多数参与者（59%）选择在遥远的地方送还问卷。此外，那些在更远的地点送还问卷的人比那些在附近地点送还问卷的人要快乐得多。在另一项实验中，作者们发现，即使是被迫在遥远的地点送还问卷的参与者也比那些有自由选择送还问卷地点的参与者更幸福，因为他们中的大多数人选择在附近的地点送还问卷。这些发现在 DIY 任务中得到了再次验证。总而言之，人们害怕无所事事，但不愿意忙碌，除非他们能有目的地证明忙碌是正当的。

在另一项实验中，威尔森等人（Wilson et al., 2014）发现，即使是通过消极的经历，人们也能避免无所事事。参与者可以在 15 分钟的无所事事（在空房间里独自思考）和消极体验（自我实施轻微电击）之间进行选择。约40%的参与者选择了电击而不是无所事事，尽管参与者之前曾表示，在正常情况下，他们会花钱避免这种经历。寻求负面刺激可以通过其新颖性来证明是合理的（Keinan & Kivetz, 2011）；众所周知，男性比女性更寻求感觉，本研究中65%的男性参与者选择了负面体验，而只有25%的女性参与者选择了负面体验（Wilson et al., 2014）。总之，对懒散的厌恶甚至可能会促使人们从事厌恶性的忙碌。

这些发现揭示了人类避免徒劳无益地使用时间和满足对生活意义的渴望的愿望，这可以说是人类活动的基础。然而，忙碌和活动并不总是有益的，例如，人们可能过度工作和过度学习（Hsee et al., 2013；Kivetz & Keinan, 2006；Schor, 1991）。此外，并非每个人都有能力开展建设性活动。许多失业者和无技能者对闲散的厌恶可能会导致破坏性的忙碌，甚至社会动荡。这些人在从事建设性工作的能力上受到限制。因此，公共教育和职业培训是促进有目的的目标追求和促进建设性忙碌的重要手段（Gottfredson et al.，2004；Wilson & Lipsey，2000）。

四、懒散与忙碌：当人类劳动被替代

对懒散和忙碌的正确理解尤其有助于国家和未来人类社会的发展，在这个社会中，技术进步将对建设性地利用时间和追求个人存在的目的性构成越来越大的挑战。在人类历史的最近一段时期，生产力很低，人们必须努力工作才能生存。对富人来说，无所事事是一种奢侈。现代化延长了人们的寿命，使许多人不再把大部分时间用于生存需要，并增加了他们自由支配时间和追求目标的自由。

随着技术的进一步发展，更多的人将被人工智能医生、无人驾驶汽车和机器人服务员所代替从而变得"无用"。大多数人不必工作的日子即将到来。尽管如此，他们对未来人类社会的关注并不会停止。随着工作需求的逐渐减少，人们如何有目的地利用他们丰富的时间？从事体育运动、自我发展、科学研究、爱好或破坏性行为？在我们前进的过程中，我们应该明白，时间的相对充裕并不能保证人类存在的最终自由，但却增加了对有目的的忙碌的需求。

人们常说他们努力工作是为了闲着。越来越多的经验证据表明了另一种解释——我们努力工作以避免无所事事。与其他资源不同，时间是不可停止、不可转移和不可再生的。一个人对时间的消耗本质上就是对生命的利用。懒散时，时间滋生痛苦。在忙碌中，时间产生幸福，只要它被用于一个目标，即使是一个微弱的、合理的目标。

第十章　对时间贫困的干预及未来研究展望

自世纪之交以来，我们在理解时间贫困如何随时间变化以及阐明哪些人更会感到时间贫困方面取得了长足进步。最近，对时间贫困的研究已经超越了这些基本问题，对其后果的研究开始形成一种更细化的观点。此外，一个新兴的研究方向专注于确定有效的方法来干预和塑造人们对时间贫困的感知——这项工作提出了独特的挑战，因为时间是一种有限且不可再生的资源。但这些挑战值得去克服，因为这对那些寻求更好身心健康的人来说有重大影响。

一、对时间贫困的干预

（一）改变对时间贫困的现实

针对时间贫困的改善与干预研究中，大多会对时间贫困进行外部的干预后检验其干预作用，并且大部分是从干预时间长度的角度，通过外部环境或外部条件的改变对时间贫困进行干预。威廉斯和韦斯特（Willians & West, 2022）对时间贫困进行了严格的干预研究，通过提供减轻无偿劳动负担的服务凭证（洗衣和熟食服务）对时间贫困进行干预，但是在控制基线后，与提供等值金钱的金钱贫困干预组和中性控制组进行对比，发现三组在主观幸福感、感知压力、关系冲突上无差异，作者解释时间贫困干预不成功的原因是洗衣服务会在路程上耽误时间。伊卡拉坎等人（Ilkkaracan et al., 2021）则利用宏观—微观政策建模和模拟方法，预测在土耳其实行的幼儿教育和关怀干预项目对时间贫困的影响，模拟结果发现此干预项目能够减少无偿工作时间，缓解女性的时间贫困。威廉姆斯（Williams, 2016）探究了社区炉灶燃料改造项目的影响，发现此项目对时间贫困以及后续生活质量、认知、决策行为都会产生影响。

在改善时间贫困的实践与应用方面，比较相关且应用广泛的是时间管理。时间管理是在进行特定目标导向的活动时，旨在有效利用时间的行为，通常包括时间评估、计划和行为监控三个部分（Claessens et al., 2007）。时间评估是对自我使用时间的评估，帮助确定与能力相匹配的任务。时间计划则是包括设定目标、计划任务、排序和制定待办事项清单等。行为监控则是指观察一个人在进行活动时的时间使用情况，产生一个反馈循环——限制受到他人干扰的影响。研究表明，时间管理可以有效减少目标冲突、增加时间控制感以及减少无关时间的使用（Burt & Kemp, 1994; Claessens et al., 2007）。时间管理通过与计算机信息技术的结合诞生了众多时间管理平台，现有时间管理平台大同小异，平台目标主要是帮助使用者更好的管理时间使用，功能主要包括记录时间、根据目标规划时间和减少干扰提高专注三大部分。但是，时间管理研究及时间管理平台均没有对时间贫困群体进行时间贫困水平评估及时间贫困类型区分。而对时间贫困水平及类型进行评估及反馈可以让被试及时了解自己的时间贫困状态、水平及原因，这些信息可以帮助人们对自身时间贫困进行更有效的改善与干预。

（二）改变对时间贫困的感知

如果正如研究表明的那样，感知时间贫困对人们的行为和身心健康有重要影响，那么改变这些感知或缓解不良后果的干预方法将带来好处。尽管该领域的实证研究仍处于起步阶段，但已经发现了一些有价值的思路。例如，研究发现，改变看待时间资源的方式可以帮助人们减轻时间贫困对主观幸福感的负面影响。也就是说，优先考虑和选择时间而不是金钱资源与更大的幸福感有关（Hershfield et al., 2016; Whillans et al., 2016）。同样，威廉斯等人（Whillans et al., 2017）发现用金钱来购买时间可以减少时间贫困并提高幸福感。一项研究中，参与者被要求在连续两个周末花费40美元——一个周末把钱花在物质上，另一个周末用于省时购买。结果表明，人们在用钱购买时间后更快乐，因为感知到的时间贫困得到了缓解。对时间贫困干预的研究还找到了促进亲社会行为的方法。例如，改变人们对忙碌的信念，让人们相信忙碌的感觉是一件好事而不是坏事，可以增加他们的掌控感，从而提高自愿帮助他人的可能性（Ebrahimi et al., 2017）。

关于如何改变人们感知时间富裕程度的问题，一个有希望的研究方向是目标的作用。例如，研究表明，当感觉到目标之间存在更大的冲突或当人们更接近完成一项目标时，人们会感知到更多时间贫困和更少的空闲时间（Etkin et al., 2015; Jhang & Lynch Jr, 2015）。对时间富裕的行为干预研究也取得了进展。例如，增加感知时间富裕的一种反直觉的方法是让人们把时间留给他人——个体自我效能感的提高是其深层机制（Mogilner, Chance, et al., 2012）。还有研究发现，与快速或无控制相比,进行 5 分钟的慢速控制呼吸可以提高感知时间的富裕程度,因为它可以帮助人们更好地专注于当下(Rudd,2014)。类似的,朔普和盖格(Schaupp & Geiger,2022)利用正念干预项目增加正念水平,并且进一步分析其对时间富裕和主观幸福感的影响。结果发现了该干预项目可以增加正念水平,增加感知到的时间富裕,进而提高主观幸福感。其他研究发现情感和权力也对感知时间富裕程度有影响。例如,相对于幸福感和中性情绪,敬畏感可以增加人们对时间的感知,使他们不那么不耐烦(Rudd et al.,2012)。此外,启动权力感也会使人们认为自己拥有更多的时间(Moon & Chen,2014)。

综上所述,这些发现加深了我们对感知时间贫困的保护措施和干预措施的理解,但仍有大量未知领域和方法有待未来研究。例如,未来可以对时间贫困的趋势、人口统计信息和后果同时进行研究,例如哪些干预措施最能减轻感知时间贫困的后果(例如,一些措施可以有效减少对身体健康的负面后果,其他措施则能减少更广泛的不良后果)以及这些干预措施在不同群体中的有效程度。

二、对时间贫困未来研究的思考和展望

(一)推动时间贫困研究的多维度视角

1. 时间贫困研究的长度视角

对时间贫困的认识经历了不同阶段。早期研究聚焦于时间数量不足这一维度。大多数研究者认为,如果在工作或维持家庭上花费的时间过多,导致自由支配时间少于阈限,则被界定为时间贫困(Williams et al., 2016)。这种从工作时间过长的视角理解时间贫困的思路首

先需要对人们的时间使用进行分类和记录，其次需要划定时间贫困的阈限。

关于时间使用的分类，我们在第一章曾经介绍过二分类、三分类、四分类等不同的方法。总之，无论采用哪种分类，衡量时间贫困时都可以将不同的时间模块整合为两类，即工作时间（有偿工作时间及无偿工作时间）和可自由支配时间（一天或一周的总时长减去工作时间）（Williams et al., 2016）。上述时间使用的分类方式得到了学者们的广泛认可（Cornwell et al., 2019; Druckman et al., 2012; Harvey & Mukhopadhyay, 2007; Irani & Vemireddy, 2021; Kalenkoski et al., 2011）。

在阈值划定上，现有研究存在划定绝对阈值和相对阈值两种做法。绝对阈值划定假设分配给关键活动的时间存在维持基本生活的最低标准，这个标准不因家庭或个体特征而异，往往基于国际标准或已有数据中合理的最小值。随着技术的进步，省时产品不断推出，绝对时间贫困阈值标准应随着社会发展而有所调整。由于绝对贫困阈值在确定时存在较大主观性，缺乏统一、稳定的标准，实际研究中应用较少（A's 1978; Harvey & Mukhopadhyay, 2007）。相对阈值划定则与社会整体的生活水平相联系，即相对时间贫困阈值是基于所收集数据的总体分布情况确定的，往往根据自由支配时间总体的中位数的一定比例划定。在具体比例的选择上，学者们更多应用了60%，这种频繁使用使得中位数的60%成为了学界确定相对时间贫困阈值的约定俗成的标准（Burchardt, 2008; Williams et al., 2016）。相比于绝对时间贫困，相对时间贫困阈值具有更强的可操作性，因此得到了更为广泛的应用（Ishii & Urakawa, 2014; Kalenkoski & Hamrick, 2013; Najam-us-Saqib & Arif, 2012）。

从时间使用长度的视角研究时间贫困往往基于国家范围的大规模社会调查数据。时间日志法是这类社会调查通常采用的数据收集方式（Gershuny，2011）。时间日志法要求受访者在24小时或更长的观察期间内连续并详尽地记录个人活动。例如，欧洲时间使用研究（HETUS）要求每个受访者记录一个工作日和一个休息日的时间使用情况。关于记录的内容，时间日志法要求记录个人在一天中花时间做的所有活动，如吃饭、睡觉、旅游、无偿地照顾儿童、有偿工作、等车、抽烟甚至发呆。除此之外，受访者还可能需要记录活动发生的地点、是否有其他人参与等信息（Gershuny，2011）。采用时间日志法的社会调查为研究者提供了丰富的时间使用数据。在其整个观察期间，每分钟都有详尽的记录，不仅能提供活动信息（如谁做什么、什么时候做），而且还能提供人们如何分配他们的活动时间（如每个活动耗时多久）（Gerson & Jacobs，2004；Robinson & Godbey，2010），因此这些社会调查数据受到了时间贫困研究者的青睐。

2. 时间贫困研究的强度视角

到目前为止，绝大多数研究者都基于工作时间的长度界定和测量时间贫困。但是，西方发达国家的数据发现，人们用于有偿工作和无偿工作（如家务）的时间长度事实上表现出了下降的趋势，但人们时间不够用的主观感受却在增加（Gershuny，2005）。这让学者们意识到，时间使用的长度并不是构成时间贫困的唯一维度。如果工作长度下降的同时人们时间贫困的感受却在上升，那么工作强度的增加可能是其中的原因之一。时间的强度依赖于单位时间内要完成的任务量的多少，强调完成任务的速度以及任务间很短的间隔所导致的快节奏和匆忙感。于是，有研究者开始关注工作强度、生活节奏和匆忙感所引起的时间贫困（Banwell et al., 2005; Strazdins et al., 2016; 李继波 & 黄希庭, 2013）。达普库斯（Dapkus, 1985）强调了时间节奏的重要性，认为随着社会发展和技术进步，紧张忙乱的社会节奏逐渐成为一种新常态，匆忙、节奏快、工作强度大所带来的影响与时间长度所带来的影响很可能是不同的。杜甘等人（Dugan et al., 2012）也认为快节奏会加强时间不够用的感觉。

总之，在时间贫困研究领域，尽管已经有研究者察觉到时间使用强度的重要性，但大多数研究者往往只是增加了相关测量的题目，并未明确将其与时间长度并列起来共同作为构成时间贫困的维度并加以区分（Banwell et al., 2005; Roxburgh, 2004）。这一点在很大程度上是因为针对时间贫困的研究大多是经验驱动的，学界对于时间贫困的系统性理论探讨不足。

3. 时间贫困研究的时间质量视角

除了长度和强度，还有一部分研究者开始强调工作时间的质量过低所造成的时间贫困。莱希（Reisch, 2001）指出，尽管大多数关于时间贫困的探讨都关注的是分配给各种活动的时间数量，但是时间的质量也同样重要。具体而言，时间的质量依赖于是否拥有大块完整的工作时间，以及是否拥有针对时间的个人自主权，例如，能够按照自己的步调工作，以及根据自己的偏好和节奏来安排自己的任务。马丁利等人（Mattingly et al., 2003）将时间碎片化和时间污染作为时间质量低的标志，其中，时间碎片化指的是可用时间是零散的，每个可用时间片段的长度短、数量多；时间污染指人们在从事一项任务时会因另一项任务的干扰而分心。珀洛（Perlow, 1999）针对软件工程师团队长达9个月的现场研究表明，一方面，不断被其他人打扰是导致软件工程师们时间贫困、难以完成工作的一个重要原因；另一方面，当时间质量提高时，个体的时间贫困也会减少。具体而言，通过干预提高了个体工作时间的质量之后，工程师们的时间贫困得到显著缓解，绩效得到显著提升。

尽管逐渐有研究者建议从时间质量的维度理解时间贫困，但到目前为止，几乎没有实证研究纳入了相关的测量。工作时间的质量也并没有在理论层面成为和时间长度并列的导致时间贫困的维度。

本书认为，时间贫困的未来研究应该关注时间的多维属性，从长度、强度和质量等多个维度研究造成时间贫困的根源，这将推动不同时间贫困类型的识别以及确认不同类型时间贫困的易感人群，从而使得针对性的政策和临床干预成为可能。

（二）针对不同社会群体展开时间贫困研究

时间贫困的经历可能因社会经济和人口群体而异（Williams & Williams, 2010; Zuzanek, 2004b）。低收入工人的时间贫困体验通常是由从事多个工作、工作日程不可预测、难以处理家庭责任所驱动的（Lambert, 2008）。高收入工人对他们工作的时间和地点有更大的控制权，他们觉得时间不够，因为他们需要遵守加班的"理想工人"标准（Kossek et al., 2006）。然而，高收入工人可以支付育儿费用或休假（Lambert, 2009）。因此，时间贫困可能对无法通过支付金钱来摆脱这种限制的低收入工人更为不利。女性（与男性相比）也更有可能经历时间贫困，因为她们现在往往投入与前几十年一样多或更多的时间来完成无偿家务劳动（Bianchi et al., 2012）。这使得女性无法长时间工作，也无法被视为"理想工作者"。当女性试图与男性工作同样长的时间时，她们的心理健康状况会更差（Dinh et al., 2017），因为她们的休闲时间更少（Chatzitheochari & Arber, 2012）。总的来说, 育儿等无偿工作中的时间不平等是性别不平等的一个核心指标, 并进一步加剧了职业女性（与男子相比）的时间贫困感和较低的幸福感（Dobbins et al., 1988；Ivaškaitė-Tamošiūnė & Manca；Jacobs & Gerson, 2021；Williams, 1999）。未来的研究应找出时间贫困在社会和人口中不平等分布的关键因素。

一个与此相关且同样重要的需要了解的现象是某些社会群体, 如病人、失业者、就业不足者或老年人所经历的"被迫无所事事"（Brand, 2015；Helliwell & Huang, 2014；Hetschko et al., 2014；Piatak, 2016）。虽然我们的观点主要集中在经历时间贫困的个人身上, 但研究发现工作时间和主观幸福感之间存在二次关系, 工作太多和太少都是有害的（Kleiner et al., 2015；Sharif et al., 2018）。因此, 未来的研究应该寻求更好地理解时间贫困和时间富裕对幸福感的负面影响, 特别需要区分不同群体受时间贫困影响的社会分布模式。

（三）时间贫困研究应该针对更具代表性的样本展开

在实证层面上, 社会科学家应该专注于在更具代表性的样本中收集时间贫困数据。与大多数行为科学研究一样, 关于这一主题的大多数研究都是以来自西方、受过教育、工业化、富裕和民主国家（WEIRD）的样本进行的。在不同的社会经济和文化背景下对人们进行调查, 对时间贫困的未来研究将大有裨益。特别是, 关于时间贫困的现有数据在发展中国家和发达国家社会经济地位低下的社区尤其稀少。这些人是特别值得关注的, 因为他们往往既缺乏时间又缺乏物质（Haushofer & Shapiro, 2016；Hirway, 2017；Mullainathan & Shafir, 2013）。例如, 在撒哈拉以南的非洲, 妇女平均每天花4.2小时从事清洁和烹饪等无偿工作，而在印度，妇女则要每天花 6 小时。因此，贫穷妇女参与有偿劳动和投资于自身及其子女的发展和福祉的时间较少。时间贫困使女孩无法上学。在孟加拉国，生活在农村地区的贫困家庭的女孩每天要花 10 个小时来收集足够的水，以供自己的家人使用及种植庄稼。时间贫困还和健康相关，比如客观上缺乏时间与认知资源的限制有关（Shah et al.，2012）。这些数据说明了在物质上同样贫穷的非 WEIRD 人群中解决时间贫困问题的巨大价值。

除了跨国家收集数据外，在同一个国家内部收集那些暴露于极端时间经验的人群的数据也很重要。例如，学者们可以关注收入最高的 1% 人群中的时间贫困问题，这些人的职业要求工作时间非常长，以及那些工作时间不固定或不可预测的人（例如，发达国家的零售工人或发展中国家的临时工）和那些工作时间很少或不工作的人（例如，退休人员和失业人员）。这些调查将进一步加深我们对工作结构等客观因素如何影响主观时间贫困的理解（Bandiera et al.，2020）。

总体而言，关于时间贫困的研究尚处于起步阶段。现有的指向提升民众福祉的研究和政策努力主要侧重于物质贫困，而不是时间贫困。正如本书想要传递的，时间贫困会对民众福祉，进而对国家的经济发展造成影响。在高度工业化的社会中，时间贫困是一种不可避免的日常生活体验。针对时间贫困的实证研究可以获取关于长期时间贫困体验的描述性数据。挖掘人们眼前的时间世界使我们能够调查时间贫困的个体和情景差异以及社会经济地位、性别及其他社会政治因素的影响。我们也将更好地理解时间贫困的体验是如何在夫妻、家庭的互动中产生的。相关的实证研究不仅可以加深我们对时间贫困的理解，而且还可以增加我们对如何在个人、群体、社会和国家层面上干预、改善时间贫困的状况。随着时间贫困逐渐代替收入贫困，日益成为影响人民幸福感的关键因素。时间贫困的相关研究能够为进一步提高人民群众幸福感提供重要的科学依据,为党和国家提升人民幸福感的发展目标建言献策。

参考文献

Adam, B. "Timewatch: The Social Analysis of Time", Cambridge: Polity. *Environmental Risks and the Media* Vol. 1, No. 6, February 1995, pp. 241.

Adam, B. *Time and Social Theory*. John Wiley & Sons, 2013, pp. 24 – 25.

Aguiar, M., & Hurst, E. "A Summary of Trends in American Time Allocation: 1965 – 2005", *Social Indicators Research*, Vol. 93, No. 1, January 2009, pp. 57 – 64.

Aknin, L. B., Barrington-Leigh, C. P., Dunn, E. W., Helliwell, J. F., Burns, J., Biswas-Diener, R., Kemeza, I., Nyende, P., Ashton-James, C. E., & Norton, M. I. "Prosocial Spending and Well-Being: Cross-Cultural Evidence for a Psychological Universal", *Journal of Personality and Social Psychology*, Vol. 104, No. 4, February 2013, pp. 635 – 652.

Aknin, L. B., Sandstrom, G. M., Dunn, E. W., & Norton, M. I. "It's the Recipient that Counts: Spending Money on Strong Social Ties Leads to Greater Happiness than Spending on Weak Social Ties", *PloS one*, Vol. 6, No. 2, February 2011, pp. e17018.

Albertsen, K., Persson, R., Garde, A. H., & Rugulies, R. "Psychosocial Determinants of Work-to-Family Conflict among Knowledge Workers with Boundaryless Work", *Applied Psychology: Health and Well-Being*, Vol. 2, No. 2, July 2010, pp. 160 – 181.

Algoe, S. B., Gable, S. L., & Maisel, N. C. "It's the Little Things: Everyday Gratitude as a Booster Shot for Romantic Relationships", *Personal relationships*, Vol. 17, No. 2, June 2010, pp. 217 – 233.

Amabile, T. M., Mueller, J. S., Simpson, W. B., Hadley, C. N., Kramer, S. J., & Fleming, L. "Time Pressure and Creativity in Organizations: A Longitudinal Field Study", Harvard Business School Working Paper, No. 02 – 073, April 2002.

Amir, O., & Ariely, D. "The Pain of Deciding: Indecision, Flexibility and Consumer Choice Online", *Unpublished working paper*. January 2004.

Anderson, B. *Information Society Technologies, Social Capital and Quality of Life*, E-Living Project Report, 2005/5. Colchester: Chimera, University of Essex, 2005.

Aron, A., Norman, C. C., Aron, E. N., McKenna, C., & Heyman, R. E. "Couples' Shared Participation in Novel and Arousing Activities and Experienced Relationship Quality", *Journal of Personality and Social Psychology*, Vol. 78, No. 2, February 2000, pp. 273 – 284.

A's, D. "Studies of Time-Use: Problems and Prospects", *Acta Sociologica*, Vol. 21, No. 2, January 1978, pp. 125 – 141.

Aumann, K., & Galinsky, E. *The State of Health in the American Workforce: Does Having an Effective Workplace Matter*, 2009. [Online]. New York, NY: Families and Work Institute. [Online]. Available at https://www.familiesandwork.org/research/2009/the-state-of-health-in-the-american-workforce-does-having-an-effective-workplace-matter.

Baker, J., & Cameron, M. "The Effects of the Service Environment on Affect and Consumer Perception of Waiting Time: an Integrative Review and Research Propositions", *Journal of the Academy of Marketing Science*, Vol. 24, No. 4, October 1996, pp. 338 – 349.

Bandiera, O., Prat, A., Hansen, S., & Sadun, R. "CEO Behavior and Firm Performance", *Journal of Political Economy*, Vol. 128, No. 4, April 2020, pp. 1325 – 1369.

Banwell, C., Hinde, S., Dixon, J., & Sibthorpe, B. "Reflections on Expert Consensus: A Case Study of the Social Trends Contributing to Obesity", *The European Journal of Public Health*, Vol. 15, No. 6, December 2005, pp. 564 – 568.

Barasch, A., Zauberman, G., & Diehl, K. "How the Intention to Share can Undermine Enjoyment: Photo-Taking Goals and Evaluation of Experiences", *Journal of Consumer Research*, Vol. 44, No. 6, April 2018, pp. 1220 – 1237.

Bardasi, E., & Wodon, Q. "Working Long Hours and Having No Choice: Time Poverty in Guinea", *Feminist Economics*, Vol. 16, No. 3, July 2010, pp. 45 – 78.

Barrington-Leigh, C., & Galbraith, E. "Feasible Future Global Scenarios for Human Life Evaluations", *Nature Communications*, Vol. 10, No. 1, January 2019, pp. 1 – 8.

Beattie, J., Baron, J., Hershey, J. C., & Spranca, M. "Psychological Determinants of Decision Attitude", *Journal of Behavioral Decision Making*, Vol. 7, No. 2, June 1994, pp. 129 – 144.

Becker, G. S. "A Theory of the Allocation of Time", *The Economic*

Journal, Vol. 75, No. 299, September 1965, pp. 493 – 517.

Belk, R. W. "Materialism: Trait Aspects of Living in the Material World", *Journal of Consumer Research*, Vol. 12, No. 3, December 1985, pp. 265 – 280.

Belk, R. W. "Possessions and the Extended Self", *Journal of Consumer Research*, Vol. 15, No. 2, September 1988, pp. 139 – 168.

Bellezza, S., Paharia, N., & Keinan, A. "Conspicuous Consumption of Time: When Busyness and Lack of Leisure Time Become a Status Symbol", *Journal of Consumer Research*, Vol. 44, No. 1, June 2017, pp. 118 – 138.

Berke, E. M., Choudhury, T., Ali, S., & Rabbi, M. "Objective Measurement of Sociability and Activity: Mobile Sensing in the Community", *The Annals of Family Medicine*, Vol. 9, No. 4, July 2011, pp. 344 – 350.

Bertman, S. "Hyper Culture", *The Futurist*, Vol. 32, No. 9, December 1998, pp. 18 – 23.

Besser, L. M., Marcus, M., & Frumkin, H. "Commute Time and Social Capital in the US", *American Journal of Preventive Medicine*, Vol. 34, No. 3, March 2008, pp. 207 – 211.

Bhattacharjee, A., & Mogilner, C. "Happiness from Ordinary and Extraordinary Experiences", *Journal of Consumer Research*, Vol. 41, No. 1, June 2014, pp. 1 – 17.

Bianchi, S. M., Casper, L. M., and King, R. B. *Work, Family, Health, and Well-Being*. Routledge, 2005.

Bianchi, S. M., & Raley, S. B. "Time Allocation in Families". In SM Bianchi, LM Casper and RB King (eds.), Work, Family, Health, and

Well-being, Mahwah: Erlbaum. January, 2005.

Bianchi, S. M., Robinson, J. P., and Milke, M. A. *Changing Rhythms of American Family Life*. Russell Sage Foundation, 2006.

Bianchi, S. M., Sayer, L. C., Milkie, M. A., & Robinson, J. P. "Housework: Who Did, Does or Will Do It, and How Much Does It Matter?", *Social forces*, Vol. 91, No. 1, September 2012, pp. 55 – 63.

Bidwell, M., Briscoe, F., Fernandez-Mateo, I., & Sterling, A. "The Employment Relationship and Inequality: How and Why Changes in Employment Practices are Reshaping Rewards in Organizations", *Academy of Management Annals*, Vol. 7, No. 1, November 2013, pp. 61 – 121.

Binswanger, M. "Time-saving Innovations and Their Impact on Energy Use: Some Lessons from A Household-Production-Function Approach", *International Journal of Energy Technology and Policy*, Vol. 2, No. 3, April 2002, pp. 209 – 218.

Bird, C. E., & Fremont, A. M. "Gender, Time Use, and Health", *Journal of Health and Social Behavior*, Vol. 32, No. 2, June 1991, pp. 114 – 129.

Bittman, M. "Social Participation and Family Welfare: the Money and Time Costs of Leisure in Australia", *Social Policy & Administration*, Vol. 36, No. 4, August 2002, pp. 408 – 425.

Bittman, M., Brown, J. E., & Wajcman, J. "The Cell Phone, Constant Connection and Time Scarcity in Australia", *Social Indicators Research*, Vol. 93, No. 1, August 2009, pp. 229 – 233.

Bittman, M., & Wajcman, J. "The Rush Hour: the Character of Leisure Time and Gender Equity", *Social forces*, Vol. 79, No. 1, September

2009, pp. 165 – 189.

Bjørnskov, C. "The Happy Few: Cross-Country Evidence on Social Capital and Life Satisfaction", *Kyklos*, Vol. 56, No. 1, February 2003, pp. 3 – 16.

Blair-Loy, M. , & Jacobs, J. A. "Globalization, Work Hours, and the Care Deficit among Stockbrokers", *Gender & Society*, Vol. 17, No. 2, April 2003, pp. 230 – 249.

Blanchflower, D. G. , & Oswald, A. J. "Well-being over Time in Britain and the USA", *Journal of Public Economics*, Vol. 88, No. 7, July 2004, pp. 1359 – 1386.

Blank, R. M. "Presidential Address: How to Improve Poverty Measurement in the United States", *Journal of Policy Analysis and Management: The Journal of the Association for Public Policy Analysis and Management*, Vol. 27, No. 2, March 2008, pp. 233 – 254.

Bodin, J. *The Response of Jean Bodin to the Paradoxes of Malestroit and The Paradoxes, Translated from the French, Paris: Jacques Du Puys*, 1578, by George Albert Moore. Country Dollar Press, 1974.

Borgonovi, F. "Doing Well by Doing Good. the Relationship between Formal Volunteering and Self-Reported Health and Happiness", *Social Science & Medicine*, Vol. 66, No. 11, June 2008, pp. 2321 – 2334.

Brand, J. E. "The Far-Reaching Impact of Job Loss and Unemployment", *Annual Review of Sociology*, Vol. 41, No. 1, August 2015, pp. 359 – 375.

Brannen, J. "Time and the Negotiation of Work-Family Boundaries: Autonomy or Illusion", *Time & Society*, Vol. 14, No. 1, March 2005, pp. 113 –

131.

Breedveld, K., & van den Broek, A. *The Multiple-Choice Society*. Social and Cultural Planning Office of the Netherland, 2003.

Brickman, P., and Campbell, D. T. "Hedonic Relativism and Planning the Good Society". In M. A. Appley (Ed.), *Adaptation Level Theory*. Academic Press, 1971, pp. 287 – 305.

Brodsky, A., & Amabile, T. M. "The Downside of Downtime: The Prevalence and Work Pacing Consequences of Idle Time at Work. *Journal of Applied Psychology*, Vol. 103, No. 5, January 2018, pp. 496 – 512.

Brown, P., & Warner-Smith, P. "The Taylorisation of Family Time: An Effective Strategy in the Struggle to 'Manage' Work and Life", *Annals of Leisure Research*, Vol. 8, No. 2 – 3, January 2005, pp. 75 – 90.

Brownson, R. C., Boehmer, T. K., & Luke, D. A. "Declining Rates of Physical Activity in the United States: What are the Contributors", *Annu. Rev. Public Health*, Vol. 26, April 2005, pp. 421 – 443.

Buckner, R. L., Andrews-Hanna, J. R., & Schacter, D. L. "The Brain's Default Network: Anatomy, Function, and Relevance to Disease", *Annals of the New York Academy of Sciences*, Vol. 1124, No. 1, March 2008, pp. 1 – 38.

Burchardt, T. *Time and Income Poverty*, 2008. [Online]. Available at SSRN: https://ssrn.com/abstract = 1401768.

Brendan Burchell, David Ladipo, and Frank Wilkinson. *Job Insecurity and Work Intensification*. Routledge London 2002.

Burt, C. D. B., & Kemp, S. "Construction of Activity Duration and Time Management Potential", *Applied Cognitive Psychology*, Vol. 8, No. 2,

April 1994, pp. 155 – 168.

Button, K. *Transport economics*. Edward Elgar Publishing, 2010.

Caprariello, P. A. , & Reis, H. T. "To Do, To Have, or To Share? Valuing Experiences over Material Possessions Depends on the Involvement of Others", *Journal of Personality and Social Psychology*, Vol. 104, No. 2, February, pp. 199 – 215.

Carmon, Z. , Wertenbroch, K. , & Zeelenberg, M. "Option Attachment: When Deliberating Makes Choosing Feel like Losing", *Journal of Consumer Research*, Vol. 30, No. 1, June 2003, pp. 15 – 29.

Carroll, J. "Time Pressures, Stress Common for Americans", *Gallup Poll*, Vol. 1, January 2008, pp. 8.

Carstensen, L. L. , Isaacowitz, D. M. , & Charles, S. T. "Taking Time Seriously: A Theory of Socioemotional Selectivity", *American psychologist*, Vol. 54, No. 3, March 1999, pp. 165 – 181.

Carter, T. J. , & Gilovich, T. "I Am What I Do, Not What I Have: The Differential Centrality of Experiential and Material Purchases to the Self", *Journal of Personality and Social Psychology*, Vol. 102, No. 6, June 2012, pp. 1304 – 1317.

Caruso, E. M. , Shapira, O. , & Landy, J. F. "Show Me the Money: A Systematic Exploration of Manipulations, Moderators, and Mechanisms of Priming Effects", *Psychological Science*, Vol. 28, No. 8, August 2017 pp. 1148 – 1159.

Caruso, E. M. , Vohs, K. D. , Baxter, B. , & Waytz, A. "Mere Exposure to Money Increases Endorsement of Free-Market Systems and Social Inequality", *Journal of Experimental Psychology: General*, Vol. 142, No. 2,

May 2013, pp. 301 – 306.

Catapano, R., Quoidbach, J., Mogilner, C., & Aaker, J. "Finding Happiness in Meaning and Meaning in Happiness: Where, When, and For Whom Happiness and Meaning Converge". *ACR North American Advances*, 2018.

Celnik, D., Gillespie, L., & Lean, M. E. J. "Time-scarcity, Ready-Meals, Ill-Health And the Obesity Epidemic", *Trends in Food Science & Technology*, Vol. 27, No. 1, September 2012, pp. 4 – 11.

Cha, Y., & Weeden, K. A. "Overwork and the Slow Convergence in the Gender Gap in Wages", *American Sociological Review*, Vol. 79, No. 3, June 2014, pp. 457 – 484.

Chan, C., & Mogilner, C. "Experiential Gifts Foster Stronger Social Relationships than Material Gifts", *Journal of Consumer Research*, Vol. 43, No. 6, April 2017, pp. 913 – 931.

Chatzitheochari, S., & Arber, S. "Class, Gender and Time Poverty: A Time-Use Analysis of British Workers' Free Time Resources", *The British Journal of Sociology*, Vol. 63, No. 3, September 2012, pp. 451 – 471.

Chetty, R., Grusky, D., Hell, M., Hendren, N., Manduca, R., & Narang, J. "The Fading American Dream: Trends in Absolute Income Mobility since 1940", *Science*, Vol. 356, No. 6336, pp. 398 – 406.

Claessens, B. J. C., Van Eerde, W., Rutte, C. G., & Roe, R. A. "A Review of the Time Management Literature", *Personnel Review*, Vol. 36, No. 2, February 2007, pp. 255 – 276.

Clark, A. E., Frijters, P., & Shields, M. A. "Relative Income, Happiness, and Utility: An Explanation for the Easterlin Paradox and Other Puzzles", *Journal of Economic Literature*, Vol. 46, No. 1, March 2008, pp. 95 – 144.

Clark, A. E., & Oswald, A. J. "Unhappiness and Unemployment", *The Economic journal (London)*, Vol. 104, No. 424, May 1994, pp. 648 – 659.

Cohen, E. F. *The Political Value of Time: Citizenship, Duration, and Democratic Justice.* Cambridge University Press, 2018.

Connors, S., Khamitov, M., Moroz, S., Campbell, L., & Henderson, C. "Time, Money, and Happiness: Does Putting A Price on Time Affect Our Ability to Smell the Roses", *Journal of Experimental Social Psychology*, Vol. 67, November 2016, pp. 60 – 64.

Conti, R. "Time Flies: Investigating the Connection between Intrinsic Motivation and the Experience of Time", *Journal of Personality*, Vol. 69, No. 1, February 2001, pp. 1 – 26.

Cooper, B., Garcia-Penalosa, C., & Funk, P. "Status Effects and Negative Utility Growth", *The Economic Journal*, Vol. 111, No. 473, July 2001, pp. 642 – 665.

Cornwell, B., Gershuny, J., & Sullivan, O. "The Social Structure of Time: Emerging Trends and New Directions", *Annual Review of Sociology*, Vol. 45, July 2019, pp. 301 – 320.

Costanza, R., Hart, M., Talberth, J., & Posner, S. Beyond GDP: TheNeed for New Measures of Progress. *The Pardee Papers*, January 2009.

Cozzolino, P. J., Sheldon, K. M., Schachtman, T. R., & Meyers, L. S. "Limited Time Perspective, Values, and Greed: Imagining A Limited Future Reduces Avarice in Extrinsic People", *Journal of research in personal-*

ity, Vol. 43, No. 3, June 2009, pp. 399 – 408.

Cozzolino, P. J. , Staples, A. D. , Meyers, L. S. , & Samboceti, J. "Greed, Death, and Values: from Terror Management to Transcendence Management Theory", *Personality and Social Psychology Bulletin*, Vol. 30, No. 3, March 2004, pp. 278 – 292.

Cross, G. S. *Time and Money: The Making of Consumer Culture*. Taylor & Francis, 1993.

Csikszentmihalyi, M. *Finding Flow: the Psychology of Engagement with Everyday Life*. New York, 1997a.

Csikszentmihalyi, M. *Flow and the Psychology of Discovery and Invention*. HarperPerennial, New York, 1997.

Csikszentmihalyi, M. "The Costs and Benefits of Consuming", *Journal of Consumer Research*, Vol. 27, No. 2, September 2000, pp. 267 – 272.

Csikszentmihalyi, M. , & Hunter, J. Happiness in Everyday Life: The Uses of Experience Sampling. In *Flow and the Foundations of Positive Psychology*, August 2014, pp. 89 – 101.

Csikszentmihalyi, M. , & Larson, R. Validity andReliability of the Experience-Sampling Method. In *Flow and the Foundations of Positive Psychology*, August 2014, pp. 35 – 54.

Csikszentmihalyi, M. , & LeFevre, J. "Optimal Experience in Work and Leisure", *Journal of Personality and Social Psychology*, Vol. 56, No. 5, May 1989, pp. 815 – 822 .

Dapkus, M. A. "A Thematic Analysis of the Experience of Time", *Journal of Personality and Social Psychology*, Vol. 49, No. 2, August 1985, pp. 408 – 419.

Darian, J. C., & Cohen, J. "Segmenting by Consumer Time Shortage", *Journal of Consumer Marketing*, Vol. 12, No. 1, March 1995, pp. 32 – 44.

Darley, J. M., & Batson, C. D. "From Jerusalem to Jericho": A Study of Situational and Dispositional Variables in Helping Behavior", *Journal of Personality and Social Psychology*, Vol. 27, No. 1, July 1973, pp. 100 – 108.

De Graaf, J. *Take Back Your Time: Fighting Overwork and Time Poverty in America*. Berrett-Koehler Publishers, 2003.

De Raeve, L., Kant, I., Jansen, N. W. H., Vasse, R. M., & Van den Brandt, P. A. "Changes in Mental Health as A Predictor of Changes in Working Time Arrangements and Occupational Mobility: Results from A Prospective Cohort Study", *Journal of Psychosomatic Research*, Vol. 66, No. 2, February 2009, pp. 137 – 145.

Desmeules, R. "The Impact of Variety on Consumer Happiness: Marketing and the Tyranny of Freedom", *Academy of Marketing Science Review*, Vol. 12, No. 1, 2002, pp. 1 – 18.

DeVoe, S. E., & House, J. "Time, Money, and Happiness: How Does Putting a Price on Time Affect Our Ability to Smell the Roses", *Journal of Experimental Social Psychology*, Vol. 48, No. 2, March 2012, pp. 466 – 474.

DeVoe, S. E., & House, J. "Replications with MTurkers Who Are Naïve Versus Experienced with Academic Studies: A Comment on Connors, Khamitov, Moroz, Campbell, and Henderson (2015)", *Journal of Experimental Social Psychology*, Vol. 100, No. 67, December 2016, pp. 65 – 67.

DeVoe, S. E., & Pai, J. "When does being paid an hourly wage make it difficult to be a happy volunteer?", in Andrew Gershoff, Robert Kozinets, and Tiffany White (eds.). *Advances in Consumer Research*. Duluth, MN: Association for Consumer Research, 2018, p. 104 – 109.

DeVoe, S. E., Lee, B. Y., & Pfeffer, J. "Hourly Versus Salaried Payment and Decisions about Trading Time and Money over Time", *ILR Review*, Vol. 63, No. 4, July 2010, pp. 627 – 640.

DeVoe, S. E., & Pfeffer, J. "Hourly Payment and Volunteering: The Effect of Organizational Practices on Decisions about Time Use", *Academy of Management Journal*, Vol. 50, No. 4, August 2007a, pp. 783 – 798.

DeVoe, S. E., & Pfeffer, J. "When Time Is Money: The Effect of Hourly Payment on the Evaluation of Time", *Organizational Behavior and Human Decision Processes*, Vol, 104, No. 1, September 2007b, pp. 1 – 13.

DeVoe, S. E., & Pfeffer, J. "Time Is Tight: How Higher Economic Value of Time Increases Feelings of Time Pressure", *Journal of Applied Psychology*, Vol. 96, No. 4, July 2011, pp. 665 – 676.

Diehl, K., Zauberman, G., & Barasch, A. "How Taking Photos Increases Enjoyment of Experiences", *Journal of Personality and Social Psychology*, Vol. 111, No. 2, August 2016, pp. 119 – 140.

Diener, E. "Assessing Subjective Well-Being: Progress and Opportunities", *Social Indicators Research*, Vol. 31, No. 2, February 1994, pp. 103 – 157.

Diener, E., & Biswas-Diener, R. "Will Money Increase Subjective Well-Being", *Social Indicators Research*, Vol. 57, No. 2, February 2002, pp. 119 – 169.

Diener, E., Heintzelman, S. J., Kushlev, K., Tay, L., Wirtz, D.,

Lutes, L. D. , & Oishi, S. "Findings All Psychologists Should Know From the New Science on Subjective Well-Being", *Canadian Psychology/psychologie canadienne*, Vol. 58, No, 2, May 2017, pp. 87 – 104.

Diener, E. , & Lucas, R. E. "11 Personality and Subjective Well-Being", *Well-being: Foundations of Hedonic Psychology*, 1999, pp. 213.

Diener, E. , & Oishi, S. Moneyand Happiness: Income and Subjective Well-Being across Nations. *Culture and Subjective Well-Being*, January 2000, pp. 185 – 218.

Diener, E. , Oishi, S. , & Lucas, R. E. "National Accounts of Subjective Well-Being", *American psychologist*, Vol. 70, No. 3, April 2015, pp. 234 – 242.

Diener, E. , & Seligman, M. E. P. "Very Happy People", *Psychological science*, Vol. 13, No. 1, January 2002, pp. 81 – 84.

Diener, E. , & Seligman, M. E. P. "Beyond Money: Toward an Economy of Well-Being", *Psychological science in the public interest*, Vol. 5, No. 1, July 2004, pp. 1 – 31.

Diener, E. , Tay, L. , & Oishi, S. "Rising Income and the Subjective Well-Being of Nations", *Journal of personality and social psychology*, Vol. 104, No. 2, February 2014, pp. 267 – 276.

Diener, E. , Wirtz, D. , & Oishi, S. "End Effects of Rated Life Quality: The James Dean Effect", *Psychological science*, Vol. 12, No. 2, May 2001, pp. 124 – 128.

Diener, E. , Wirtz, D. , Tov, W. , Kim-Prieto, C. , Choi, D. -w. , Oishi, S. , & Biswas-Diener, R. "New Well-Being Measures: Short Scales to Assess Flourishing and Positive and Negative Feelings", *Social Indicators Re-*

search, Vol. 97, No. 2, June 2010, pp. 143 – 156.

Dinh, H. , Strazdins, L. , & Welsh, J. "Hour-Glass Ceilings: Work-Hour Thresholds, Gendered Health Inequities", *Social Science & Medicine*, Vol. 176, March 2017, pp. 42 – 51.

Dinu, M. , Pagliai, G. , Macchi, C. , & Sofi, F. "Active Commuting and Multiple Health Outcomes: A Systematic Review and Meta-Analysis", *Sports medicine*, Vol. 49, No. 3, March 2019, pp. 437 – 452.

Dobbins, G. H. , Lane, I. M. , & Steiner, D. D. "A Note on the Role of Laboratory Methodologies in Applied Behavioural Research: Don't Throw out the Baby with the Bath Water", *Journal of Organizational Behavior*, Vol. 9, No. 3, July 1988, pp. 281 – 286.

Dossey, L. *Space, Time & Medicine.* Boston, Mass: Shambhala, 1982.

Douthitt, R. A. "Time To Do the Chores?" Factoring Home-Production Needs into Measures of Poverty", . *Journal of Family and Economic Issues*, Vol. 21, No. 2, Spring 2000, pp. 7 – 22.

Droit-Volet, S. , & Meck, W. H. "How Emotions Colour Our Perception of Time", *Trends in cognitive sciences*, Vol. 11, No. 12, December 2007, pp. 504 – 513.

Druckman, A. , Buck, I. , Hayward, B. , & Jackson, T. "Time, Gender and Carbon: A Study of the Carbon Implications of British Adults' Use of Time", *Ecological Economics*, Vol. 84, December 2012, pp. 153 – 163.

Dubois, D. , Rucker, D. D. , & Galinsky, A. D. "Social Class, Power, and Selfishness: When and Why Upper and Lower Class Individuals Behave Unethically. *Journal of Personality and Social Psychology*, Vol. 108, No. 3, March 2015, pp. 436 – 449.

Duesenberry, J. S. *Income, Saving, and the Theory of Consumer Behavior*. 1949.

Dugan, A. G., Matthews, R. A., & Barnes-Farrell, J. L. "Understanding the Roles of Subjective and Objective Aspects of Time in the Work-Family Interface", *Community, Work & Family*, Vol. 15, No. 2, May 2012, pp. 149 – 172.

Dunn, E., & Norton, M. *Happy Money: The Science of Happier Spending*. Simon and Schuster, 2014.

Dunn, E. W., Aknin, L. B., & Norton, M. I. "Spending Money on Others Promotes Happiness", *Science*, Vol. 219, No. 5870, March 2008, pp. 1687 – 1688.

Dunn, E. W., Aknin, L. B., & Norton, M. I. "Prosocial Spending and Happiness: Using Money to Benefit Others Pays Off", *Current Directions in Psychological Science*, Vol. 23, No. 1, February 2014, pp. 41 – 47.

Easterlin, R. A. "Does Economic Growth Improve the Human Lot? Some Empirical Evidence", In *Nations and Households in Economic Growth*, January 1974 pp. 89 – 125.

Easterlin, R. A. "Will Raising the Incomes of All Increase the Happiness of All", *Journal of Economic Behavior & Organization*, Vol. 27, No. 1, June 1995, pp. 35 – 47.

Easterlin, R. A. "Income and Happiness: Towards a Unified Theory", *The Economic Journal*, Vol. 111, No. 473, July 2001, pp. 465 – 484.

Easterlin, R. A., & Angelescu, L. "Modern Economic Growth and Quality of Life: Cross-Sectional and Time Series Evidence", In *Handbook of Social Indicators and Quality of Life Research* November 2012, pp. 113 –

136.

Easterlin, R. A., McVey, L. A., Switek, M., Sawangfa, O., & Zweig, J. S. "The Happiness-Income Paradox Revisited", *Proceedings of the National Academy of Sciences*, Vol. 107, No. 52, December 2010, pp. 22463 – 22468.

Eastwood, J. D., Frischen, A., Fenske, M. J., & Smilek, D. "The Unengaged Mind: Defining Boredom in Terms of Attention", *Perspectives on Psychological Science*, Vol. 7, No. 5, September 2012, pp. 482 – 495.

Ebrahimi, M., Rudd, M., & Patrick, V. "To Thrive Or to Suffer At the Hand of Busyness: How Lay Theories of Busyness Influence Psychological Empowerment and Volunteering", *ACR North American Advances*. Vol. 45, January, 2017, pp. 49.

Eckersley, R. Quality of Life in Australia. *The Australia Institute, Discussion Paper, Canberra, Australia, September* 1999.

Emens, E. *Life Admin: How I Learned To Do Less, Do Better, and Live More*. Houghton Mifflin, 2019.

Epley, N., & Schroeder, J. "Mistakenly Seeking Solitude", *Journal of Experimental Psychology: General*, Vol. 143, No. 5, October 2014, pp. 1980 – 1999.

Eriksen, T. H. *Tyranny of the moment: Fast and slow time in the information age* (Vol. 74). JSTOR, 2001.

Etkin, J., Evangelidis, I., & Aaker, J. "Pressed for Time? Goal Conflict Shapes How Time Is Perceived, Spent, and Valued", *Journal of Marketing Research*, Vol. 52, No. 3, June 2015, pp. 394 – 406.

Etkin, J., & Mogilner, C. "Does Variety Among Activities Increase

Happiness", *Journal of Consumer Research*, Vol. 43, No. 2, August 2016, pp. 210 - 229.

Etzioni, A. *Humble Decision Making in Harvard Business review on Decision Making*, 2001. HBS Plublishing Corporation, Boston, 2001.

Fahlman, S. A., Mercer, K. B., Gaskovski, P., Eastwood, A. E., & Eastwood, J. D. "Does A Lack of Life Meaning Cause Boredom? Results from Psychometric, Longitudinal, and Experimental Analyses", *Journal of Social and Clinical Psychology*, Vol. 28, No. 3, March 2009, pp. 307 - 340.

Festini, S. B., McDonough, I. M., & Park, D. C. "The Busier the Better: Greater Busyness Is Associated with Better Cognition", *Frontiers in Aging Neuroscience*, Vol. 8, No. 98, June 2016, pp. 98.

Festjens, A., Bruyneel, S., Diecidue, E., & Dewitte, S. "Time-Based Versus Money-Based Decision Making under Risk: An Experimental Investigation", *Journal of Economic Psychology*, Vol. 50, October 2015, pp. 52 - 72.

Folbre, N. "Time Use and Living Standards", *Social Indicators Research*, Vol. 93, No. 1, August 2009, pp. 77 - 83.

Fraisse, P. "Perception and Estimation of Time", *Annual Review of Psychology*, Vol. 35, No. 1, January 1984, pp. 1 - 36.

Francis-Smythe, J., & Robertson, I. "Time-Related Individual Differences", *Time & Society*, Vol. 8, No. 2 - 3, September 1999, pp. 273 - 292.

Frank, R. H. *Choosing the Right Pond*. New York: Oxford University Press, 1985.

Frank, R. H. *Why Money Fails to Satisfy in an Era of Excess*. Free Press, 1999.

Franklin, M. S. , Mrazek, M. D. , Anderson, C. L. , Smallwood, J. , Kingstone, A. , & Schooler, J. "The Silver Lining of a Mind in the Clouds: Interesting Musings are Associated with Positive Mood While Mind-Wandering", *Frontiers in Psychology*, Vol. 4, August 2013, pp. 583.

Fredrickson, B. L. , & Kahneman, D. "Duration Neglect in Retrospective Evaluations of Affective Episodes", *Journal of Personality and Social Psychology*, Vol. 65, No. 1, July 1993, pp. 45 – 55.

Frey, B. S. , & Stutzer, A. "What Can Economists Learn from Happiness Research", *Journal of Economic Literature*, Vol. 40, No. 2, June 2002, pp. 402 – 435.

Frey, B. S. , & Stutzer, A. TestingTheories of Happiness. *IEW-Working Papers*, April 2003, pp. 116 – 147.

Frey, B. S. , Stutzer, A. *Happiness and Economics: How the Economy and Institutions Affect Human Well-Being.* Princeton University Press, 2002.

Fujita, F. , & Diener, E. "Life Satisfaction Set Point: Stability and Change", *Journal of Personality and Social Psychology*, Vol. 88, No. 1, January, 2005, pp. 158 – 164.

Galinsky, E. *Ask the Children: What America's Children Really Think about Working Parents.* ERIC, 1999.

Gambles, R. , Lewis, S. , & Rapoport, R. *The Myth of Work-Life Balance: The Challenge of Our Time for Men, Women and Societies.* John Wiley & Sons, 2006.

Garhammer, M. "Time Pressure in Modern Germany", *Loisir et Société/ Society and Leisure*, Vol. 21, No. 2, January 1998, pp. 327 – 352.

Garhammer, M. "Pace of Life and Enjoyment of Life", *Journal of Happiness Studies, Vol. 3, No. 3, February 2002, pp. 217 –256.

Gärling, T. , Gamble, A. , Fors, F. , & Hjerm, M. "Emotional Well-Being Related to Time Pressure, Impediment to Goal Progress, and Stress-Related Symptoms", *Journal of Happiness Studies*, Vol. 17, No. 5, August 2015, pp. 1789 –1799.

Garrett, M. , & Taylor, B. "Reconsidering Social Equity in Public Transit", *Berkeley Planning Journal*, Vol. 13, No. 1, January 1999.

Gasiorowska, A. , Zaleskiewicz, T. , & Wygrab, S. "Would You Do Something for Me? The Effects of Money Activation on Social Preferences and Social Behavior in Young Children", *Journal of Economic Psychology*, Vol. 33, No. 3, June 2012, pp. 603 –608.

Gershuny, J. *Changing Times: Work and Leisure in Postindustrial Society*. Oxford University Press on Demand, 2003.

Gershuny, J. "Busyness as the Badge of Honor for the New Superordinate Working Class", *Social Research: An International Quarterly*, Vol. 72, No. 2, July 2005, pp. 287 –314.

Gershuny, J. Time-useSurveys and the Measurement of National Well-Being. *Centre for Time Use Research, University of Oxford, Swansea, UK, Office for National Statistics*, 2011.

Gerson, K. , & Jacobs, J. A. "The Time Divide: Work, Family, and Gender Inequality", Contemporary Sociology, Vol 34, No. 4, pp. 372 –373.

Gilbert, D. *Stumbling on Happiness*. Vintage Canada, 2009.

Gilbert, D. T. , Driver-Linn, E. , & Wilson, T. D. "The Trouble With Vronsky: Impact Bias in the Forecasting of Future Affective States". In L. F. Barrett & P. Salovey (Eds.), *The Wisdom in Feeling: Psychological*

Processes in Emotional Intelligence, January 2002, pp. 114 – 143.

Gilbert, D. T., & Ebert, J. E. J. "Decisions and Revisions: The Affective Forecasting of Changeable Outcomes", *Journal of Personality and Social Psychology*, Vol. 82, No. 4, April 2002, pp. 503 – 514.

Gilovich, T., & Kumar, A. "We'll Always Have Paris: The Hedonic Payoff from Experiential and Material Investments", In *Advances in Experimental Social Psychology*, Vol. 51, 2015, pp. 147 – 187.

Gimenez-Nadal, J. I., & Sevilla-Sanz, A. "The Time-Crunch Paradox", *Social Indicators Research*, Vol. 102, No. 2, June 2011, pp. 181 – 196.

Gimenez-Nadal, J. I., & Molina, J. A. "Voluntary Activities and Daily Happiness in the United States", *Economic Inquiry*, Vol. 53, No. 4, October 2015, pp. 1735 – 1750.

Gino, F., & Mogilner, C. "Time, Money, and Morality", *Psychological Science*, Vol. 25, No. 2, February 2014, pp. 414 – 421.

Gino, F., & Pierce, L. "The Abundance Effect: Unethical Behavior in the Presence of Wealth", *Organizational Behavior and Human Decision Processes*, Vol. 109, No. 2, July 2009, pp. 142 – 155.

Gleick, J. *Faster: The Acceleration of Just About Everything*. Pantheon Books, 1999.

Goh, J., Pfeffer, J., & Zenios, S. A. "The Relationship Between Workplace Stressors and Mortality and Health Costs in the United States", *Management Science*, Vol. 62, No. 2, February 2016, pp. 608 – 628.

Goldsmith, A. H., Veum, J. R., & Darity Jr, W. Unemployment, Joblessness, Psychological Well-Being and Self-Esteem: Theory and Evidence",

The Journal of Socio-Economics, Vol. 26, No. 2, 1997, pp. 133 – 158.

Goodin, R. E. , Rice, J. M. , Bittman, M. , & Saunders, P. "The Time-Pressure Illusion: Discretionary Time Vs. Free Time", *Social Indicators Research*, Vol. 73, No. 1, pp. 43 – 70.

Gordon-Larsen, P. , Boone-Heinonen, J. , Sidney, S. , Sternfeld, B. , Jacobs, D. R. , & Lewis, C. E. ActiveCommuting and Cardiovascular Disease Risk: The CARDIA Study. *Archives of internal medicine*, Vol. 169, No. 13, July 2009, pp. 1216 – 1223.

Gottfredson, D. C. , Gerstenblith, S. A. , Soulé, D. A. , Womer, S. C. , & Lu, S. "Do After School Programs Reduce Delinquency", *Prevention Science*, Vol. 5, No. 4, December 2004, pp. 253 – 266.

Graeber, D. "Bullshit Jobs", *E mploi*, 2018, pp. 131.

Graham, C. , & Pettinato, S. "Frustrated Achievers: Winners, Losers and Subjective Well-Being in New Market Economies", *Journal of Development Studies*, Vol. 38, No. 4, April 2002, pp. 100 – 140.

Graham, R. J. "The Role of Perception of Time in Consumer Research", *Journal of Consumer Research*, Vol. 7, No. 4, March 1981, pp. 335 – 342.

Grant, A. M. , & Sonnentag, S. "Doing Good Buffers Against Feeling Bad: Prosocial Impact Compensates for Negative Task And Self-Evaluations", *Organizational Behavior and Human Decision Processes*, Vol. 111, No. 1, January 2010, pp. 13 – 22.

Gruber, J. , Kogan, A. , Quoidbach, J. , & Mauss, I. B. "Happiness Is Best Kept Stable: Positive Emotion Variability Is Associated with Poorer Psychological Health", *Emotion*, Vol. 13, No. 1, February 2013, pp. 1 – 6.

Gunthorpe, W. , & Lyons, K. "A Predictive Model of Chronic Time

Pressure in the Australian Population: Implications for Leisure Research", *Leisure Sciences*, Vol. 26, No. 2, April 2004, pp. 201 – 213.

Hahn, M., Lawson, R., & Lee, Y. G. "The Effects of Time Pressure and Information Load on Decision Quality", *Psychology & Marketing*, Vol. 9, No. 5, September 1992, pp. 365 – 378.

Hamermesh. *U. S. Workers Take on Too Many Hours, Benefit Little from It*. Houston Chronicle (online), 2014.

Hamermesh, D. S. "Incentives, Time Use and BMI: The Roles of Eating, Grazing and Goods", *Economics & Human Biology*, Vol. 8, No. 1, March 2010, pp. 2 – 15.

Hamermesh, D. S., & Lee, J. "Stressed out on Four Continents: Time Crunch or Yuppie Kvetch", *The Review of Economics and Statistics*, Vol. 89, No. 2, May 2007, pp. 374 – 383.

Harvey, A. S., & Mukhopadhyay, A. K. "When Twenty-Four Hours Is Not Enough: Time Poverty of Working Parents", *Social Indicators Research*, Vol. 82, No. 1, May 2007, pp. 57 – 77.

Hassan, R. 24/7: *Time and Temporality in the Network Society*. Stanford University Press, 2007.

Haushofer, J., & Shapiro, J. "The Short-Term Impact of Unconditional Cash Transfers to the Poor: Experimental Evidence from Kenya", *The Quarterly Journal of Economics*, Vol. 131, No. 4, November 2016, pp. 1973 – 2042.

Haveman, R. "What Does It Mean to Be Poor in a Rich Society"? In M. C. S. Danziger (Ed.), *Changing Poverty, Changing Policies*, August 2009, pp. 387.

Heath, C., & Tversky, A. "Preference and Belief: Ambiguity and Competence in Choice under Uncertainty", *Journal of Risk and Uncertainty*, Vol. 4, No. 1, pp. 5 – 28.

Hektner, J. M., Schmidt, J. A., & Csikszentmihalyi, M. *Experience sampling method: Measuring the quality of everyday life*. Sage, 2007.

Helliwell, J. F. "Well-being, Social Capital and Public Policy: What's New", *The Economic Journal*, Vol. 116, No. 510, March 2006, pp. C34 – C45.

Helliwell, J. F., & Huang, H. "New Measures of the Costs of Unemployment: Evidence from the Subjective Well-Being of 3.3 Million Americans", *Economic Inquiry*, Vol. 52, No. 4, October 2014, pp. 1485 – 1502.

Henrich, J., Heine, S. J., & Norenzayan, A. "Most People Are Not WEIRD", *Nature*, Vol. 466, No. 8302, July 2010, pp. 29 – 29.

Herrnstein, R. D., & Prelec, D. "A Theory of Addiction". In G. Loewenstein & J. Elster (Eds.), *Choice over Time*, 1992, pp. 331 – 360.

Hershfield, H. E., Mogilner, C., & Barnea, U. "People Who Choose Time Over Money Are Happier", *Social Psychological and Personality Science*, Vol. 7, No. 7, September 2016, pp. 697 – 706.

Hetschko, C., Knabe, A., & Schöb, R. "Changing Identity: Retiring from Unemployment", *The Economic Journal*, Vol. 124, No. 575, March 2014, pp. 149 – 166.

Hewitt, P. (1993). *About Time. The Revolution in Work and Family Life*. Rivers Oram Press.

Hewlett, B. S. "Demography and Childcare in Preindustrial Societies", *Journal of Anthropological Research*, Vol. 47, No. 1, April 1991, pp. 1 – 37.

Hilbrecht, M. , Smale, B. , & Mock, S. E. "Highway to Health? Commute Time and Well-Being among Canadian Adults", *World Leisure Journal*, Vol. 56, No. 2, April 2014, pp. 151 – 163.

Hill, I. , & Lutzky, A. W. "Is There a Hole in the Bucket? Understanding SCHIP Retention. Assessing the New Federalism: An Urban Institute Program To Assess Changing Social Policies. Occasional Paper", January, 2003.

Hirsch, F. *The Social Limits to Growth.* Harvard University Press, 1976.

Hirsch, F. *Social Limits to Growth.* Harvard University Press, 2013.

Hirway, I. Understanding poverty: InsightsEmerging from Time Use of the Poor. In *Unpaid Work and the Economy*, 2010, pp. 22 – 57.

Hirway, I. *Mainstreaming Unpaid Work: Time-use Data in Developing Policies.* Oxford University Press, 2017.

Hirway, I. , & Charmes, J. Estimating and understanding informal employment through time use studies. In meeting of the Delhi Group on Informal Economy, Central Statistical Organization, Ministry of Statistics and Programme Implementation, New Delhi, 2006, 2008.

Hochschild, A. R. *The Outsourced Self: Intimate Life in Market Times.* Metropolitan Books, 2012.

Hochschild, A. R. , & Arlie, H. R. *The Time Bind: When Work Becomes Home and Home Becomes Work.* Macmillan, 1997.

Höge, T. "When Work Strain Transcends Psychological Boundaries: An Inquiry into the Relationship Between Time Pressure, Irritation, Work-Family Conflict and Psychosomatic Complaints", *Stress and Health: Journal of the International Society for the Investigation of Stress*, Vol. 25, No. 1, February

2009, pp. 41 – 51.

Holder, M. D., Coleman, B., & Sehn, Z. L. "The Contribution of Active and Passive Leisure to Children's Well-Being", *Journal of Health Psychology*, Vol. 14, No. 3, April 2009, pp. 378 – 386.

Holt-Lunstad, J., Smith, T. B., Baker, M., Harris, T., & Stephenson, D. "Loneliness and Social Isolation as Risk Factors for Mortality: A Meta-Analytic Review", *Perspectives on Psychological Science*, Vol. 10, No. 2, March 2015, pp. 227 – 237.

Honoré, C. *In praise of slow: How a Worldwide Movement is Challenging the Cult of Speed*. Vintage Canada, 2009.

Horrigan, M., & Herz, D. "Planning, Designing, and Executing the BLS American Time-Use Survey", *Monthly Lab. Rev.*, Vol. 127, No. 10, October 2004, pp. 3 – 19.

Howell, R. T., & Hill, G. "The Mediators of Experiential Purchases: Determining the Impact of Psychological Needs Satisfaction and Social Comparison", *The Journal of Positive Psychology*, Vol. 4, No. 6, November 2009, pp. 511 – 522.

Hsee, C. K., Yang, A. X., & Wang, L. "Idleness Aversion and the Need for Justifiable Busyness", *Psychological Science*, Vol. 21, No. 7, July 2010, pp. 926 – 930.

Hsee, C. K., Zhang, J., Cai, C. F., & Zhang, S. "Overearning", *Psychological Science*, Vol. 24, No. 6, June 2013, pp. 852 – 859.

Hsee, C. K., Zhang, J., Yu, F., & Xi, Y. "Lay Rationalism and Inconsistency between Predicted Experience and Decision", *Journal of Behavioral Decision Making*, Vol. 16, No. 4, October 2003, pp. 257 – 272.

Human, L. J., Whillans, A. V., Hoppmann, C. A., Klumb, P., Dickerson, S. S., & Dunn, E. W. "Finding the Middle Ground: Curvilinear Associations between Positive Affect Variability and Daily Cortisol Profiles", *Emotion*, Vol. 15, No. 6, December 2015, pp. 705 – 720.

Ilkkaracan, I., Kim, K., Masterson, T., Memiş, E., & Zacharias, A. "The Impact of Investing in Social Care on Employment Generation, Time-, Income-Poverty by Gender: A Macro-Micro Policy Simulation for Turkey", *World Development*, Vol. 144, August 2021, pp. 105476.

Inglehart, R. *Culture Shift in Advanced Industrial Society*. Princeton University Press, 2018.

Insurance, N. Driving While Distracted, Public Relations Research. *Columbus, OH: Nationwide Mutual Insurance Company*, 2008.

Irani, L., & Vemireddy, V. "Getting the Measurement Right! Quantifying Time Poverty and Multitasking from Childcare Among Mothers with Children Across Different Age Groups in Rural North India", *Asian Population Studies*, Vol. 17, No. 1, January 2021, pp. 94 – 116.

Ishii, K., & Urakawa, K. "Time Poverty and Adjusted Income Poverty Rates by Housework Time in Japan", *Mita Business Review*, Vol. 57, No. 4, 2014, pp. 97 – 121.

Ivaškaitė-Tamošiūnė, V., & Manca, A. R. *Gender Equality Index* 2015: *Measuring gender equality in the European Union* 2005 – 2012. [Online]. Available at https://www.academia.edu/14548789/Gender_Equality_Index_2015_Measuring_gender_equality_in_the_European_Union_2005_2012

Iyengar, S. S., & Lepper, M. R. "When Choice Is Demotivating: Can One Desire Too Much of a Good Thing", *Journal of Personality and Social*

Psychology, Vol. 79, No. 6, December 2000, pp. 995 – 1006.

Jabs, J., & Devine, C. M. "Time Scarcity and Food Choices: An Overview", *Appetite*, Vol. 47, No. 2, September 2006, pp. 196 – 204.

Jabs, J., Devine, C. M., Bisogni, C. A., Farrell, T. J., Jastran, M., & Wethington, E. "Trying to Find the Quickest Way: Employed Mothers' Constructions of Time for Food", *Journal of Nutrition Education and Behavior*, Vol. 39, No. 1, January-February 2007, pp. 18 – 25.

Jacobs, J. A., & Gerson, K. *The Time Divide*. Harvard University Press, 2021.

Jarvis, H. "Moving to London Time: Household Co-Ordination and The Infrastructure of Everyday Life", *Time & Society*, Vol. 14, No. 1, March 2005, pp. 133 – 154.

Jastran, M. M., Bisogni, C. A., Sobal, J., Blake, C., & Devine, C. M. "Eating Routines. Embedded, Value Based, Modifiable, and Reflective", *Appetite*, Vol. 52, No. 1, February 2009, pp. 127 – 136.

Jhang, J. H., & Lynch Jr, J. G. "Pardon the Interruption: Goal Proximity, Perceived Spare Time, and Impatience", *Journal of Consumer Research*, Vol. 41, No. 5, February 2015, pp. 1267 – 1283.

Jones, J. M. CulturalDifferences in Temporal Perspectives: Instrumental and Expressive Behaviors in Time. 1988.

Juster, F. T., Ono, H., & Stafford, F. P. "An Assessment of Alternative Measures of Time Use", *Sociological Methodology*, Vol. 33, No. 1, January 2003, pp. 19 – 54.

Juster, F. T., & Stafford, F. *Time, Goods and Well-Being Ann Arbor*, 1985. Michigan Institute for Social Research, University of Michigan, 1985.

Kahneman, D. , & Deaton, A. "High Income Improves Evaluation of Life But Not Emotional Well-Being", *Proceedings of the National Academy of Sciences*, Vol. 107, No. 38, September 2010, pp. 16489 – 16493.

Kahneman, D. , Diener, E. , & Schwarz, N. (1999). *Well-being: Foundations of Hedonic Psychology*. Russell Sage Foundation.

Kahneman, D. , Krueger, A. B. , Schkade, D. , Schwarz, N. , & Stone, A. A. "Would You Be Happier If You Were Richer? A Focusing Illusion. *Science*, Vol. 312, No. 5782, June 2006, pp. 1908 – 1910.

Kahneman, D. , Krueger, A. B. , Schkade, D. A. , Schwarz, N. , & Stone, A. A. "A Survey Method for Characterizing Daily Life Experience: The Day Reconstruction Method", *Science*, Vol. 306, No. 5702, December 2004, pp. 1776 – 1780.

Kahneman, D. , & Tversky, A. "Choices, Values, and Frames", *American Psychologist*, Vol. 39, No. 4, April 1984, pp. 341 – 350.

Kalenkoski, C. M. , & Hamrick, K. S. "How Does Time Poverty Affect Behavior? A Look at Eating and Physical Activity", *Applied Economic Perspectives and Policy*, Vol. 35, No. 1, March 2013, pp. 89 – 105.

Kalenkoski, C. M. , Hamrick, K. S. , & Andrews, M. "Time Poverty Thresholds and Rates for the US Population", *Social Indicators Research*, Vol. 104, No. 1, October 2011, pp. 129 – 155.

Kamp, A. , Lund, H. L. , & Hvid, H. S. "Negotiating Time, Meaning and Identity in Boundaryless Work", *Journal of Workplace Learning*, Vol. 23, No. 4, May 2011, pp. 229 – 242.

Karademas, E. C. "Self-efficacy, Social Support and Well-Being: The Mediating Role of Optimism", *Personality and Individual Differences*, Vol. 40,

No. 6, April 2006, pp. 1281 – 1290.

Kashdan, T. B., & Rottenberg, J. "Psychological Flexibility as a Fundamental Aspect of Health", *Clinical Psychology Review*, Vol. 30, No. 7, March 2010, pp. 865 – 878.

Kasser, T., & Brown, K. W. "On Time, Happiness, and Ecological Footprints", *Take back your time: Fighting Overwork and Time Poverty in America*, 2003, pp. 107 – 112.

Kasser, T., & Ryan, R. M. "A Dark Side of the American Dream: Correlates of Financial Success as a Central Life Aspiration", *Journal of Personality and Social Psychology*, Vol. 65, No. 2, August 1993, pp. 410 – 422.

Kasser, T., & Ryan, R. M. "Further Examining the American Dream: Differential Correlates of Intrinsic and Extrinsic Goals" *Personality and Social Psychology Bulletin*, Vol. 22, No. 3, March 1996, pp. 280 – 287.

Kasser, T., & Sheldon, K. M. "Time Affluence as a Path toward Personal Happiness and Ethical Business Practice: Empirical Evidence from Four Studies", *Journal of Business Ethics*, Vol. 84, No. 2, January 2009, pp. 243 – 255.

Kasser, V. G., & Ryan, R. M. TheRelation of Psychological Needs for Autonomy and Relatedness to Vitality, Well-Being, and Mortality in a Nursing Home 1", *Journal of Applied Social Psychology*, Vol. 29, No. 5, May 1999, pp. 935 – 954.

Keinan, A., Bellezza, S., & Paharia, N. "The Symbolic Value of Time", *Current Opinion in Psychology*, Vol. 26, April 2019, pp. 58 – 61.

Keinan, A., & Kivetz, R. "Productivity Orientation and The Consumption of Collectable Experiences", *Journal of Consumer Research*, Vol. 37, No. 6, April 2011, pp. 935 – 950.

Kenny, C. "Does Growth Cause Happiness, or Does Happiness Cause Growth", *Kyklos*, Vol. 52, No. 1, February 1999, pp. 3 – 25.

Killingsworth, M. A., & Gilbert, D. T. "A Wandering Mind Is an Unhappy Mind", *Science*, Vol. 330, No. 6006, November 2010, pp. 932 – 932.

Kivetz, R., & Keinan, A. "Repenting Hyperopia: An Analysis of Self-Control Regrets", *Journal of Consumer Research*, Vol. 33, No. 2, September 2006, pp. 273 – 282.

Kleiner, S. "Subjective Time Pressure: General or Domain Specific", *Social Science Research*, Vol. 47, September 2014, pp. 108 – 120.

Kleiner, S., Schunck, R., & Schömann, K. "Different Contexts, Different Effects? Work Time and Mental Health in the United States and Germany", *Journal of Health And Social Behavior*, Vol. 56, No. 1, March 2015, pp. 98 – 113.

Kneebone, E., & Holmes, N. (2015). The growing distance between people and jobs in metropolitan America. *Brook Inst March*.

Knutson, K. L., & Van Cauter, E. "Associations between Sleep Loss and Increased Risk of Obesity and Diabetes", *Annals of the New York Academy of Sciences*, Vol. 1129, No. 1, May 2008, pp. 287 – 304.

Kossek, E. E., Lautsch, B. A., & Eaton, S. C. "Telecommuting, Control, and Boundary Management: Correlates of Policy Use and Practice, Job Control, and Work-Family Effectiveness", *Journal of Vocational Behavior*, Vol. 68, No. 2, April 2006, pp. 347 – 367.

Kouchaki, M. , Smith-Crowe, K. , Brief, A. P. , & Sousa, C. "Seeing Green: Mere Exposure to Money Triggers a Business Decision Frame and Unethical Outcomes", *Organizational Behavior and Human Decision Processes*, Vol. 121, No. 1, May 2013, pp. 53 – 61.

Kreitzman, L. *The 24 Hour Society*. Profile Books, 1999.

Krueger, A. B. , Kahneman, D. , Schkade, D. , Schwarz, N. , & Stone, A. A. "National Time Accounting: the Currency of Life", In *Measuring the Subjective Well-Being of Nations: National Accounts of Time Use and Well-Being*, 2009 pp. 9 – 86.

Kuhn, P. , & Lozano, F. "The Expanding Workweek? Understanding Trends in Long Work Hours among US Men, 1979 – 2006", *Journal of Labor Economics*, Vol. 26, No. 2, April 2008, pp. 311 – 343.

Kurtz, J. L. "Looking to the Future to Appreciate the Present: The Benefits of Perceived Temporal Scarcity", *Psychological Science*, Vol. 19, No. 12, December 2008, pp. 1238 – 1241.

Kushlev, K. , Dunn, E. W. , & Ashton-James, C. E. "Does Affluence Impoverish the Experience of Parenting", *Journal of Experimental Social Psychology*, Vol. 48, No. 6, November 2012, pp. 1381 – 1384.

Kushlev, K. , Heintzelman, S. J. , Oishi, S. , & Diener, E. "The Declining Marginal Utility of Social Time for Subjective Well-Being", *Journal of Research in Personality*, Vol. 74, June 2018, pp. 124 – 140.

Kutateladze, B. L. , & Lawson, V. Z. "A New Look at Inequality: Introducing and Testing a Cross-Sectional Equality Measurement Framework in New York City", *Social Indicators Research*, Vol. 132, No. 3, April 2016, pp. 993 – 1022.

Lakoff G, J. M. *The Embodied Mind and Its Challenge to Western Thought*. Basic Books, 1999.

Lambert, S. J. "Passing the Buck: Labor Flexibility Practices that Transfer Risk onto Hourly Workers", *Human Relations*, Vol. 61, No. 9, September 2008, pp. 1203 – 1227.

Lambert, S. J. "Making a Difference for Hourly Employees", *Work-life policies*, 2009, pp. 169 – 195.

Landers, R. M., Rebitzer, J. B., & Taylor, L. J. "Rat Race Redux: Adverse Selection in the Determination of Work Hours in Law Firms", *The American Economic Review*, Vol. 86, No. 3, June 1996, pp. 329 – 348.

Lane, N. D., Miluzzo, E., Lu, H., Peebles, D., Choudhury, T., & Campbell, A. T. "A Survey of Mobile Phone Sensing", *IEEE Communications Magazine*, Vol. 48, No. 9, 2010, pp. 140 – 150.

Lane, R. E. *The Loss of Happiness in Market Democracies*. Yale University Press, 2000.

Langer, E. J., & Rodin, J. "The Effects of Choice and Enhanced Personal Responsibility for the Aged: A Field Experiment in an Institutional Setting", *Journal of Personality and Social Psychology*, Vol. 34, No. 2, August 1976, pp. 191 – 198.

Lathia, N., Sandstrom, G. M., Mascolo, C., & Rentfrow, P. J. "Happier People Live More Active Lives: Using Smartphones to Link Happiness and Physical Activity", *PloS One*, Vol. 12, No. 1, pp. e0160589.

Lauer, R. H. "Temporal Man: The Meaning and Uses of Social Time. Social Forces, Vol. 61, No. 3, March 1983, pp. 939 – 940

Layard, R. *Happiness: Has Social Science a Clue?* (Vol. 24). London

School of Economics London, 2003.

Lebergott, S. *Pursuing Happiness*. Princeton University Press, 2004.

Leclerc, F., Schmitt, B. H., & Dube, L. "Waiting Time and Decision Making: Is Time like Money", *Journal of Consumer Research*, Vol. 22, No. 1, June 1995, pp. 110 – 119.

Lee-Yoon, A., & Whillans, A. V. "Making Seconds Count: When Valuing Time Promotes Subjective Well-Being ", *Current opinion in psychology*, Vol. 26, April 2019, pp. 54 – 57.

Lehmann, D. R. "Customer Reactions to Variety: Too Much of a Good Thing", *Journal of the Academy of Marketing Science*, Vol. 26, No. 1, January 1998, pp. 62 – 65.

Lehto, A. -M. Time Pressure as a Stress Factor", *Loisir et Société/Society and Leisure*, Vol. 21, No. 2, January 1998, pp. 491 – 511.

Leroy, S. "Why Is It So Hard to Do My Work? The Challenge of Attention Residue When Switching between Work Tasks", *Organizational Behavior and Human Decision Processes*, Vol. 109, No. 2, July 2009, pp. 168 – 181.

Levine, R. "A Geography of Busyness", *Social Research: An International Quarterly*, Vol. 72, No. 2, July 2005, pp. 355 – 370.

Linder, S. B. *The Harried Leisure Class*. New York: Columbia University Press, 1970.

Liu, W., & Aaker, J. "The Happiness of Giving: The Time-Ask Effect", *Journal of Consumer Research*, Vol. 35, No. 3, October 2008, pp. 543 – 557.

Loehlin, J. C. "The Influence of Different Activities on the Apparent Length of Time", *Psychological Monographs: General and Applied*, Vol. 73,

No. 4, January 1959, pp. 1 – 27.

Loewenstein, G. , & Schkade, D. Wouldn'tIt Be Nice? Predicting Future Feelings. In D. Kahneman, Diener, E. , Schwarz, N. (Ed.), *Well-being*: *The Foundations of Hedonic Psychology*, 1999, pp. 85 – 105.

Lucas, R. E. "Adaptation and the Set-Point Model of Subjective Well-Being: Does Happiness Change after Major Life Events", *Current Directions in Psychological Science*, Vol. 16, No. 2, April 2007, pp. 75 – 79.

Lundberg, U. "On the Psychobiology of Stress and Health", *Time Pressure and Stress in Human Judgment and Decision Making*, 1993, pp. 41 – 53.

Lykken, D. , & Tellegen, A. "Happiness Is a Stochastic Phenomenon", *Psychological Science*, Vol. 7, No. 3, May 1996, pp. 186 – 189.

Lynch Jr, J. G. , Netemeyer, R. G. , Spiller, S. A. , & Zammit, A. "A Generalizable Scale of Propensity to Plan: The Long and the Short of Planning for Time and for Money", *Journal of Consumer Research*, Vol. 37, No. 1, December 2009, pp. 108 – 128.

Lyubomirsky, S. , Sheldon, K. M. , & Schkade, D. "Pursuing Happiness: The Architecture of Sustainable Change", *Review of General Psychology*, Vol. 9, No. 2, 2005, pp. 111 – 131.

MacDonald, M. , Phipps, S. , & Lethbridge, L. "Taking Its Toll: The Influence of Paid and Unpaid Work on Women's Well-Being", *Feminist Economics*, Vol. 11, No. 1, Maech 2005, pp. 63 – 94.

Machlis, S. Gotcha! Computer Monitors Riding the Web Wave. *Computerworld*, Vol. 4, 1997, pp. 1.

Malkoc, S. A. , & Tonietto, G. N. "Activity Versus Outcome Maximization in Time Management", *Current Opinion in Psychology*, Vol. 26, April

2019, pp. 49 – 53.

Mani, A. , Mullainathan, S. , Shafir, E. , & Zhao, J. "Poverty Impedes Cognitive Function", *Science*, Vol. 341, No. 6149, August 2013, pp. 976 – 980.

Marx, K. *Capital, Volume One: A Critique of Political Economy*. Penguin Classics, 1990.

Mason, M. F. , Norton, M. I. , Van Horn, J. D. , Wegner, D. M. , Grafton, S. T. , & Macrae, C. N. "Wandering Minds: The Default Network and Stimulus-Independent Thought", *Science*, Vol. 315, No. 5810, January 2007, pp. 393 – 395.

Masuda, Y. J. , Fortmann, L. , Gugerty, M. K. , Smith-Nilson, M. , & Cook, J. "Pictorial Approaches for Measuring Time Use in Rural Ethiopia", *Social Indicators Research*, Vol. 115, No. 1, January 2014, pp. 467 – 482.

Matos, K. , & Galinsky, E. WorkplaceFlexibility among Professional Employees. *Work and Family*, Vol. 21, No. 2, Fall 2011, pp. 141 – 161.

Mattingly, M. J. , & Blanchi, S. M. "Gender Differences in the Quantity and Quality of Free Time: The US experience", *Social Forces*, Vol. 81, No. 3, March 2003, pp. 999 – 1030.

Mattingly, M. J. , & Sayer, L. C. "Under Pressure: Gender Differences in the Relationship Between Free Time and Feeling Rushed", *Journal of Marriage and Family*, Vol. 68, No. 1, February 2006, pp. 205 – 221.

Matz, S. C. , Gladstone, J. J. , & Stillwell, D. "Money Buys Happiness When Spending Fits Our Personality", *Psychological Science*, Vol. 27, No. 5, May 2016, pp. 715 – 725.

Meltzer, D. O. , & Jena, A. B. "The Economics of Intense Exercise",

Journal of Health Economics, Vol. 29, No. 3, May 2010, pp. 347 - 352.

Menzies, H. *No Time: Stress and the Crisis of Modern Life.* Douglas and McIntyre, 2005.

Menzies, H. , & Newson, J. "No Time to Think: Academics' Life in the Globally Wired University", *Time & Society*, Vol. 16, No. 1, March 2007, pp. 83 - 98.

Michalos, A. C. *Global Report on Student Well-Being: Life Satisfaction and Happiness.* Springer Science & Business Media, 2012.

Mick, D. G. , Broniarczyk, S. M. , & Haidt, J. "Choose, Choose, Choose, Choose, Choose, Choose, Choose: Emerging and Prospective Research on the Deleterious Effects of Living in Consumer Hyperchoice", *Journal of Business Ethics*, Vol. 52, No. 2, June 2004, pp. 207 - 211.

Miller, J. G. , Kahle, S. , & Hastings, P. D. "Roots and Benefits of Costly Giving: Children Who are More Altruistic Have Greater Autonomic Flexibility and Less Family Wealth", *Psychological Science*, Vol. 26, No. 7, July 2015, pp. 1038 - 1045.

Mochon, D. , Norton, M. I. , & Ariely, D. "Getting Off the Hedonic Treadmill, One Step at a Time: The Impact of Regular Religious Practice and Exercise on Well-Being", *Journal of Economic Psychology*, Vol. 29, No. 5, November 2008, pp. 632 - 642.

Mochon, D. , Norton, M. I. , & Ariely, D. "Bolstering and Restoring Feelings of Competence Via the IKEA Effect", *International Journal of Research in Marketing*, Vol. 29, No. 4, December 2012, pp. 363 - 369.

Mogilner, C. "The Pursuit of Happiness: Time, Money, and Social Connection", *Psychological Science*, Vol. 21, No. 9, September 2010, pp. 1348 -

1354.

Mogilner, C. "It's Time for Happiness", *Current Opinion in Psychology*, Vol. 26, April 2019, pp. 80 – 84.

Mogilner, C. , & Aaker, J. "The Time Vs. Money Effect": Shifting Product Attitudes and Decisions through Personal Connection", *Journal of Consumer Research*, Vol. 36, No. 2, August 2009, pp. 277 – 291.

Mogilner, C. , Aaker, J. , & Kamvar, S. D. "How Happiness Affects Choice", *Journal of Consumer Research*, Vol. 39, No. 2, August 2012, pp. 429 – 443.

Mogilner, C. , Chance, Z. , & Norton, M. I. "Giving Time Gives You Time", *Psychological Science*, Vol. 23, No. 10, October 2012, pp. 1233 – 1238.

Mogilner, C. , Hershfield, H. E. , & Aaker, J. "Rethinking Time: Implications for Well-Being", *Consumer Psychology Review*, Vol. 1, No. 1, January 2018, pp. 41 – 53.

Mogilner, C. , & Norton, M. I. "Preferences for Experienced Versus Remembered Happiness", *The Journal of Positive Psychology*, Vol. 14, No. 2, March 2019, pp. 244 – 251.

Moon, A. , & Chen, S. "The Power to Control Time: Power Influences How Much Time (You Think) You Have", *Journal of Experimental Social Psychology*, Vol. 54, Septwmber 2014, pp. 97 – 101.

Moored, G. D. C. 's Low-Wage Workers Have the Longest Commutes. District, Measured, 2015.

Mullainathan, S. , & Shafir, E. *Scarcity: Why Having Too Little Means So Much*. Macmillan, 2013.

Najam-us-Saqib, & Arif, G. M. Time Poverty, Work Status and Gender: The Case of Pakistan. *The Pakistan Development Review*, Vol. 51, No. 1, April 2012, pp. 23 – 46.

Nakamura, J., & Csikszentmihalyi, M. FlowTheory and Research. *Handbook of Positive Psychology*, Vol. 195, 2009, pp. 206.

Nakamura, J., & Csikszentmihalyi, M. *Flow and the Foundations of Positive Psychology*. Springer, 2014, pp. 239 – 263.

Napa Scollon, C., Prieto, C.-K., & Diener, E. *Assessing well-being*. Springer, 2009, pp. 157 – 180.

Nelson, S. K., Kushlev, K., English, T., Dunn, E. W., & Lyubomirsky, S. "In Defense of Parenthood: Children Are Associated with More Joy Than Misery", *Psychological Science*, Vol. 24, No. 1, January 2013, pp. 3 – 10.

Nes, R. B., & Røysamb, E. "The Genetics of Psychological Well-Being: The Role of Heritability and Genetics in Positive Psychology". In M. Pluess (Ed.), *The Heritability of Subjective Well-Being: Review and Meta-Analysis*. Oxford University Press, 2015, pp. 75 – 96.

Newport, F. *The Gallup Poll: Public Opinion* 2011. Rowman & Littlefield Publishers, 2012.

Nicolao, L., Irwin, J. R., & Goodman, J. K. "Happiness for Sale: Do Experiential Purchases Make Consumers Happier than Matcrial Purchases", *Journal of Consumer Research*, Vol. 36, No. 2, January 2009, pp. 188 – 198.

Norgate, S. *Beyond 9 to 5: Your Life in Time*. Columbia University Press, 2016.

Norton, M. I., Mochon, D., & Ariely, D. "The IKEA Effect: When Labor Leads to Love", *Journal of Consumer Psychology*, Vol. 22, No. 3, July 2012, pp. 453–460.

Nowotny, H. Time: The Modern and Postmodern Experience, Trans. *N. Plaice (Polity, Oxford)*, 1994.

Nyland, C. *Reduced Worktime and the Management of Production*. Cambridge Books, 1989.

Nyland, C. *The Sociology of Time*. Springer, 1990, pp. 130–151.

Offer, S., & Schneider, B. "Revisiting the Gender Gap in Time-Use Patterns: Multitasking and Well-Being among Mothers and Fathers in Dual-Earner Families", *American Sociological Review*, Vol. 76, No. 6, December 2011, pp. 809–833.

Okada, E. M. JustificationEffects on Consumer Choice of Hedonic and Utilitarian Goods. *Journal of Marketing Research*, Vol. 42, No. 1, February 2005, pp. 43–53.

Okada, E. M., & Hoch, S. J. "Spending Time Versus Spending Money", *Journal of Consumer Research*, Vol. 31, No. 2, September 2004, pp. 313–323.

Olivola, C. Y., & Shafir, E. "The Martyrdom Effect: When Pain and Effort Increase Prosocial Contributions", *Journal of Behavioral Decision Making*, Vol. 26, No. 1, January 2013, pp. 91–105.

Osuna, E. E. "The Psychological Cost of Waiting", *Journal of Mathematical Psychology*, Vol. 29, No. 1, March 1985, pp. 82–105.

Oswald, A. J. "Happiness and Economic Performance", *The Economic Journal*, Vol. 107, No. 445, November 1998, pp. 1815–1831.

Pagán-Rodríguez, R. "Being Under Time Pressure: The Case of Workers with Disabilities", *Social Indicators Research*, Vol. 114, No. 3, December 2013, pp. 831 – 840.

Perlow, L. A. "The Time Famine: Toward a Sociology of Work Time", *Administrative Science Quarterly*, Vol. 44, No. 1, March 1999, pp. 57 – 81.

Peters, P., & Raaijmakers, S. "Time Crunch and the Perception of Control over Time from a Gendered Perspective: The Dutch Case", *Loisir et Société/Society and Leisure*, Vol. 21, No. 2, January 1998, pp. 417 – 433.

Pfeffer, J., & Carney, D. R. "The Economic Evaluation of Time Can Cause Stress", *Academy of Management Discoveries*, Vol. 4, No. 1, March 2018, pp. 101 – 102.

Pfeffer, J., & DeVoe, S. E. "Economic Evaluation: The Effect of Money and Economics on Attitudes about Volunteering", *Journal of Economic Psychology*, Vol. 30, No. 3, June 2009, pp. 500 – 508.

Pfeffer, J., & DeVoe, S. E. "The Economic Evaluation of Time: Organizational Causes and Individual Consequences", *Research in Organizational Behavior*, Vol. 32, 2012, pp. 47 – 62.

Piatak, J. S. "Time Is on My Side: A Framework to Examine When Unemployed Individuals Volunteer", *Nonprofit and Voluntary Sector Quarterly*, Vol. 45, No. 6, December 2016, pp. 1169 – 1190.

Plotnick, R. D. *The Alleviation of Poverty: How Far Have We Come*, 2010. Social Science Electronic Publishing, November 2010.

Pocock, B. "The Effect of Long Hours on Family and Community Life", *Queensland Department of Industrial Relations*, Brisbane, Australia, 2001.

Podor, M., & Halliday, T. J. "Health Status and the Allocation of

Time", *Health Economics*, Vol. 21, No. 5, May 2012, pp. 514 – 527.

Poortman, A. -R. "How Work Affects Divorce: The Mediating Role of Financial and Time Pressures", *Journal of Family Issues*, Vol. 26, No. 2, March 2005, pp. 168 – 195.

Porter, M. E., & Nohria, N. "How CEOs Manage Time", *Harvard Business Review*, Vol. 96, No. 4, July 2018, pp. 42 – 51.

Presser, H. B. (2005). *Working in a 24/7 Economy: Challenges for American Families.* Russell Sage Foundation.

Quoidbach, J., & Dunn, E. W. "Give It Up: A Strategy for Combating Hedonic Adaptation", *Social Psychological and Personality Science*, Vol. 4, No. 5, September 2013, pp. 563 – 568.

Quoidbach, J., Dunn, E. W., Petrides, K. V., & Mikolajczak, M. "Money Giveth, Money Taketh away: The Dual Effect of Wealth on Happiness", *Psychological Science*, Vol. 21, No. 6, June 2010, pp. 759 – 763.

Quoidbach, J., Gruber, J., Mikolajczak, M., Kogan, A., Kotsou, I., & Norton, M. I. "Emodiversity and the Emotional Ecosystem", *Journal of Experimental Psychology: General*, Vol. 143, No. 6, December 2014, pp. 2057 – 2066.

Raley, R. K., & Sweeney, M. M. "Divorce, Repartnering, and Stepfamilies: A Decade in Review", *Journal of Marriage and Family*, Vol. 82, No. 1, February 2020, pp. 81 – 99.

Redelmeier, D. A., & Shafir, E. "Medical Decision Making in Situations that Offer Multiple Alternatives. *Jama*, Vol. 273, No. 4, January 1995, pp. 302 – 305.

Reed, A., Aquino, K., & Levy, E. MoralIdentity and Judgments of

Charitable Behaviors. *Journal of marketing*, Vol. 71, No. 1, January 2007, pp. 178 – 193.

Reichert, F. F., Barros, A. J. D., Domingues, M. R., & Hallal, P. C. " The Role of Perceived Personal Barriers to Engagement in Leisure-Time Physical Activity. *American journal of public health*, Vol. 97, No. 3, March 2007, pp. 515 – 519.

Reisch, L. A. "Time and Wealth", *Time & Society*, Vol. 10, No. 2 – 3, September 2001, pp. 367 – 385.

Reuters. *Dying for Information? An Investigation into the Effects of Information Overload in the UK and Worldwide.* Reuters, 1996.

Richards, J., Jiang, X., Kelly, P., Chau, J., Bauman, A., & Ding, D. "Don't Worry, Be Happy: Cross-Sectional Associations between Physical Activity and Happiness in 15 European Countries", *BMC Public Health*, Vol. 15, No. 1, January 2015, pp. 1 – 8.

Richins, M. L. "Special Possessions and the Expression of Material Values", *Journal of Consumer Research*, Vol. 21, No. 3, December 1994, pp. 522 – 533.

Richins, M. L., & Dawson, S. "A Consumer Values Orientation for Materialism and Its Measurement: Scale Development and Validation", *Journal of Consumer Research*, Vol. 19, No. 3, December 1992, pp. 303 – 316.

Robert Half International, I. "*Misuse of the Internet May Hamper Productivity. Report from an Internal Study Conducted By a Private Marketing Research Group.* 1996.

Robinson, J., & Godbey, G. *Time for Life: The Surprising Ways Americans Use Their Time.* Penn State Press, 2010.

Robinson, J. P. "Americans Less Rushed But No Happier: 1965 - 2010 Trends in Subjective Time and Happiness", *Social Indicators Research*, Vol. 113, No. 3, January 2013, pp. 1091 - 1104.

Robinson, J. P., & Godbey, G. "Busyness as Usual", *Social Research: An International Quarterly*, Vol. 72, No. 2, Summer 2005, pp. 407 - 426.

Robinson, J. P., & Martin, S. "What Do Happy People Do", *Social Indicators Research*, Vol. 83, No. 3, December 2008, pp. 565 - 571.

Robinson, J. P., & Tracy, E. "A Less Stressed, Less Harried—And Slightly Happier—America", *Contexts*, Vol. 15, No. 2, April 2016, pp. 74 - 76.

Rodin, J., & Langer, E. J. "Long-Term Effects of a Control-Relevant Intervention with the Institutionalized Aged", *Journal of Personality and Social Psychology*, Vol. 35, No. 12, December 1977, pp. 897 - 902.

Roelen, C. A. M., Schreuder, K. J., Koopmans, P. C., & Groothoff, J. W. "Perceived Job Demands Relate to Self-Reported Health Complaints", *Occupational Medicine*, Vol. 58, No. 1, December 2008, pp. 58 - 63.

Rohrer, D., Pashler, H., & Harris, C. R. "Do Subtle Reminders of Money Change People's Political Views", *Journal of Experimental Psychology: General*, Vol. 144, No. 4, August 2015, pp. e73 - e85.

Rosa, H. "Social Acceleration: Ethical and Political Consequences of a Desynchronized High-Speed Society", *Constellations*, Vol. 10, No. 1, March 2003, pp. 3 - 33.

Rosa, H. *Social acceleration*. Columbia University Press, 2013.

Rosa, H., & Trejo-Mathys, J. *Social acceleration: A new theory of modernity (Paperback ed.)*. 2013.

Roxburgh, S. "'There Just Aren't Enough Hours in the Day': The

Mental Health Consequences of Time Pressure", *Journal of Health and Social Behavior*, Vol. 45, No. 2, June 2004, pp. 115 – 131.

Rudd, M. "Expand Your Breath, Expand Your Time: Slow Controlled Breathing Boosts Time Affluence", *ACR North American Advances*, 2014.

Rudd, M. "Feeling Short on Time: Trends, Consequences, and Possible Remedies", *Current Opinion in Psychology*, Vol. 26, April 2019, pp. 5 – 10.

Rudd, M., Vohs, K. D., & Aaker, J. "Awe Expands People's Perception of Time, Alters Decision Making, and Enhances Well-Being", *Psychological Science*, Vol. 23, No. 10, October 2012, pp. 1130 – 1136.

Ryan, R. M., & Deci, E. L. "On Happiness and Human Potentials: A Review of Research on Hedonic and Eudaimonic Well-Being", *Annual Review of Psychology*, Vol. 52, No. 1, February 2001, pp. 141 – 166.

Sandstrom, G. M., & Dunn, E. W. "Is Efficiency Overrated? Minimal Social Interactions Lead to Belonging and Positive Affect" *Social Psychological and Personality Science*, Vol. 5, No. 4, 437 – 442.

Sayer, L. C. "Gender, Time and Inequality: Trends in Women's and Men's Paid Work, Unpaid Work and Free Time", *Social Forces*, Vol. 84, No. 1, September 2005, pp. 285 – 303.

Scambler, G. "Social Structure and the Production, Reproduction and Durability of Health Inequalities", *Social Theory & Health*, Vol. 5, No. 4, November 2007, pp. 297 – 315.

Scambler, G. "Health Inequalities", *Sociology of Health & Illness*, Vol. 34, No. 1, January 2012, pp. 130 – 146.

Schafer, A., & Victor, D. G. "The Future Mobility of the World Population", *Transportation Research Part A: Policy and Practice*, Vol. 34, No. 3, April 2000, pp. 171 – 205.

Schanzenbach, D. *Experimental Estimates of the Barriers to Food Stamp Enrollment*, 2009. Institute for Research on Poverty, University of Wisconsin-Madison, 2009.

Schaupp, J., & Geiger, S. "Mindfulness as a Path to Fostering Time Affluence and Well-Being", *Applied Psychology: Health and Well-Being*, Vol. 14, No. 1, February 2022, pp. 196 – 214.

Schneider, B., Ainbinder, A. M., & Csikszentmihalyi, M. "Stress and Working Parents", *Work and leisure*, 2004, pp. 145 – 167.

Schor, J. *The Overworked American: The Unexpected Decline of Leisure*. New York: Basic Books, 1991.

Schulz, F., & Grunow, D. "Comparing Diary and Survey Estimates on Time Use", *European Sociological Review*, Vol. 28, No. 5, October 2012, pp. 622 – 632.

Schwartz, B. "Self-Determination: The Tyranny of Freedom", *American Psychologist*, Vol. 55, No. 1, January 2000, pp. 79 – 88.

Schwartz, B. *The Paradox of Choice: Why More is Less*. Harper Collins, 2004.

Scitovsky, T. *The Joyless Economy: An Inquiry into Human Satisfaction and Dissatisfaction*. Oxford University Press, 1976.

Sezer, O., Norton, M. I., Gino, F., & Vohs, K. D. "Family Rituals Improve the Holidays", *Journal of the Association for Consumer Research*, Vol. 1, No. 4, September 2016, pp. 509 – 526.

Shah, A. K., Mullainathan, S., & Shafir, E. "Some Consequences of

Having Too Little" *Science*, Vol. 338, No. 6107, November 2012, pp. 682 – 685.

Shah, A. K., Shafir, E., & Mullainathan, S. "Scarcity Frames Value", *Psychological Science*, Vol. 26, No. 4, April 2015, pp. 402 – 412.

Shamir, B. "Self-Esteem and the Psychological Impact of Unemployment", *Social Psychology Quarterly*, Vol. 49, No. 1, March 1986, pp. 61 – 72.

Shannon, M. "Canadian Evidence on the Hourly Paid-Salaried Breakdown: Are Canadian Salaried Workers Missing Too", *Industrial Relations: A Journal of Economy and Society*, Vol. 47, No. 4, October 2008, pp. 591 – 601.

Sharif, M., Mogilner, C., & Hershfield, H. "The Effects of Being Time Poor and Time Rich on Happiness", *ACR North American Advances*, 2018.

Sharone, O. EngineeringOverwork: Bell-Curve Management at a High-Tech Firm. *Fighting for Time: Shifting Boundaries of Work and Social Life*, 2004, pp. 191 – 218.

Sheldon, K. M. *Individual daimon, universal needs, and subjective well-being: Happiness as the natural consequence of a life well lived.* 2013,

Shenk, D. *Data smog.* HarperCollins Publishers New York, 1997.

Sherwood, N. E., & Jeffery, R. W. "The Behavioral Determinants of Exercise: Implications for Physical Activity Interventions", *Annual Review of Nutrition*, Vol. 20, No. 1, 2000, pp. 21 – 44.

Shove, E., Trentmann, F., & Wilk, R. *Time, Consumption and Everyday Life: Practice, Materiality and Culture.* Routledge, 2020.

Shugan, S. M. "The Cost of Thinking", *Journal of Consumer Research*,

Vol. 7, No. 2, 1980, pp. 99 – 111.

Simon, H. A. *Administrative Behavior: A Study of Decision-Making Processes in Administrative Organization* (Third ed.). Free Press, 1976.

Simonson, I. "The Influence of Anticipating Regret and Responsibility on Purchase Decisions", *Journal of Consumer Research*, Vol. 19, No. 1, June 1992, pp. 105 – 118.

Smith, A. *The Wealth of Nations: An Inquiry into the Nature and Causes*. Modern Library, 1937.

Soman, D. "The Mental Accounting of Sunk Time Costs: Why Time Is Not like Money", *Journal of Behavioral Decision Making*, Vol. 14, No. 3, July 2001, pp. 169 – 185.

Son, J., & Wilson, J. VolunteerWork and Hedonic, Eudemonic, and Social Well-Being. Sociological forum, Vol. 27, No. 3, September 2012, pp. 658 – 681.

Sonnenberg, B., Riediger, M., Wrzus, C., & Wagner, G. G. "Measuring Time Use in Surveys-Concordance of Survey and Experience Sampling Measures", *Social Science Research*, Vol. 41, No. 5 September 2012, pp. 1037 – 1052.

Soster, R. L., Monga, A., & Bearden, W. O. "Tracking Costs of Time and Money: How Accounting Periods Affect Mental Accounting", *Journal of Consumer Research*, Vol, 37, No. 4, December 2010, pp. 712 – 721.

Southerton, D. "'Squeezing Time' Allocating Practices, Coordinating Networks and Scheduling Society", *Time & Society*, Vol. 12, No. 1, March 2003, pp. 5 – 25.

Southerton, D., Shove, E., & Warde, A. *'Harried and Hurried'*:

Time Shortage and the Co-ordination of Everyday Life, 2001. University of Manchester, Centre for Research on Innovation and Competition, 2001.

Southerton, D. , & Tomlinson, M. "Pressed for Time" -The Differential Impacts of a "Time Squeeze", *The Sociological Review*, Vol. 53, No. 2, May 2005, pp. 215 – 239.

Spiller, S. A. "Opportunity Cost Consideration", *Journal of Consumer Research*, Vol. 38, No. 4, April 2011, pp. 595 – 610.

Spinney, J. , & Millward, H. "Time and Money: A New Look at Poverty and the Barriers to Physical Activity in Canada", *Social Indicators Research*, Vol. 99, No. 2, November 2010, pp. 341 – 356.

States, O. E. S. o. C. a. t. U. (2016). (不太知道这个是什么)

StatExtracts, O. *Average Annual Hours Actually Worked Per Worker*, 2014. [Online]. *Organisation for Economic.*

Statistical Office of the European, C. *How Europeans Spend Their Time: Everyday Life of Women and Men: Data* 1998 – 2002. European Communities, 2004.

Statistical Office of the European, C. *How Is the Time of Women and Men Distributed in Europe?* . European Communities, 2006.

Steger, B. "Sleeping through Class to Success: Japanese Notions of Time and Diligence", *Time & Society*, Vol. 15, No. 2 – 3, September 2006b, pp. 197 – 214.

Steger, M. F. , Kashdan, T. B. , & Oishi, S. "Being Good by Doing Good: Daily Eudaimonic Activity and Well-Being", *Journal of Research In Personality*, Vol. 42, No. 1, February 2008, pp. 22 – 42.

Stone, A. , Shiffman, S. , Atienza, A. , & Nebeling, L. *The Science of*

Real-Time Data Capture: *Self-Reports in Health Research*. Oxford University Press, 2007.

Stone, A. A., Shiffman, S. S. and DeVries, M. W. "Ecological Momentary Assessment". In E. D. a. N. S. D. Kahneman (Ed.), *Well-Being*: *The Foundations of Hedonic Psychology* 2001, pp. 61 – 84.

Strazdins, L., Griffin, A. L., Broom, D. H., Banwell, C., Korda, R., Dixon, J., Paolucci, F., & Glover, J. "Time Scarcity: Another Health Inequality", *Environment and Planning A*, Vol. 43, No. 3, March 2011, pp. 545 – 559.

Strazdins, L., Welsh, J., Korda, R., Broom, D., & Paolucci, F. "Not All Hours Are Equal: Could Time be a Social Determinant of Health", *Sociology of Health & Illness*, Vol. 38, No. 1, January 2016, pp. 21 – 42.

Strodl, E., Kenardy, J., & Aroney, C. "Perceived Stress as a Predictor of the Self-Reported New Diagnosis of Symptomatic CHD in Older Women", *International Journal of Behavioral Medicine*, Vol. 10, No. 3, September 2003, pp. 205 – 220.

Sullivan, O. "Busyness, Status Distinction and Consumption Strategies of the Income Rich, Time Poor", *Time & Society*, Vol. 17, No. 1, March 2008, pp. 5 – 26.

Sullivan, O., & Gershuny, J. "Cross-National Changes in Time-Use: Some Sociological (Hi) Stories Re-Examined", *The British Journal of Sociology*, Vol. 52, No. 2, June 2001, pp. 331 – 347.

Sunstein, C. R. "Sludge and Ordeals", *SSRN Electronic Journal*, Vol. 68, No. 8, January 2018, pp. 1843.

Szalai, A., Converse, P. E., Feldheim, P., Scheuch, E. K. and

Stone, P. J. *The Use of Time: Daily Activities of Urban and Suburban Populations in Twelve Countries*. The Hague, 1972.

Tay, L., Morrison, M., & Diener, E. "Living among the Affluent: Boon or Bane", *Psychological Science*, Vol. 25, No. 6, June 2014, pp. 1235 – 1241.

Taylor, S. "Waiting for Service: The Relationship between Delays and Evaluations of Service", *Journal of Marketing*, Vol. 58, No. 2, April 1994, pp. 56 – 69.

Teuchmann, K., Totterdell, P., & Parker, S. K. "Rushed, Unhappy, and Drained: An Experience Sampling Study of Relations between Time Pressure, Perceived Control, Mood, and Emotional Exhaustion in a Group of Accountants", *Journal of Occupational Health Psychology*, Vol. 4, No. 1, January 1999, pp. 37 – 54.

Thompson, E. P. "Time, Work-Discipline, and Industrial Capitalism", *Classes, Power, and Conflict*, Vol. 38, No. 1, 1967, pp. 56 – 97.

Trope, Y., & Liberman, N. "Construal-Level Theory of Psychological Distance", *Psychological Review*, Vol. 117, No. 2, April 2010, pp. 440 – 463.

Trost, S. G., Owen, N., Bauman, A. E., Sallis, J. F., & Brown, W. "Correlates of Adults' Participation in Physical Activity: Review and Update", *Medicine & Science in Sports & Exercise*, Vol. 34, No. 12, December 2002, pp. 1996 – 2001.

Tsiros, M., & Mittal, V. "Regret: A Model of Its Antecedents and Consequences in Consumer Decision Making", *Journal of Consumer Research*, Vol. 26, No. 4, March 2000, pp. 401 – 417.

Tversky, A. , & Kahneman, D. "Rational choice and the framing of decisions". In *Multiple criteria decision making and risk analysis using microcomputers* 1989, pp. 81 – 126.

Tversky, A. , & Shafir, E. "The Disjunction Effect in Choice under Uncertainty", *Psychological Science*, Vol. 3, No. 5, September 1992, pp. 305 – 310.

Urakawa, K. , Wang, W. , & Alam, M. "Empirical Analysis of Time Poverty and Health-Related Activities in Japan", *Journal of Family and Economic Issues*, Vol. 41, No. 3, February 2020, pp. 520 – 529.

Van Boven, L. "Experientialism, Materialism, and the Pursuit of Happiness", *Review of General Psychology*, Vol. 9, No. 2, June 2005, pp. 132 – 142.

Van Boven, L. , & Gilovich, T. "To Do or to Have? That is the Question", *Journal of Personality and Social Psychology*, Vol. 85, No6, January 2003, pp. 1193 – 1202.

Vanek, J. "Time Spent in Housework", *Scientific American*, Vol. 231, No. 5, November 1974, pp. 116 – 121.

Veblen, T. The Theory of the Leisure Class (originally published in 1899). *Imprint (New York, New Modern Library)*, 2001.

Veenhoven, R. Happiness as an indicator in social policy evaluation: Some objections considered. 1993.

Veenhoven, R. , & Vergunst, F. "The Easterlin Illusion: Economic Growth does Go with Greater Happiness", *International Journal of Happiness and Development*, Vol. 1, No. 4, January 2014, pp. 311 – 343.

Venn, D. , & Strazdins, L. "Your Money or Your Time? How Both

Types of Scarcity Matter to Physical Activity and Healthy Eating", *Social Science & Medicine*, Vol. 172, January 2017, pp. 98 – 106.

Vickery, C. "The Time-Poor: A New Look at Poverty", *Journal of Human Resources*, Vol. 12, No. 1, January 1977, pp. 27 – 48.

Virtanen, M., Ferrie, J. E., Singh-Manoux, A., Shipley, M. J., Stansfeld, S. A., Marmot, M. G., Ahola, K., Vahtera, J., & Kivimäki, M. "Long Working Hours and Symptoms of Anxiety and Depression: A 5-Year Follow-Up of the Whitehall II Study", *Psychological Medicine*, Vol. 41, No. 12, December 2011, pp. 2485 – 2494.

Vohs, K. D., Mead, N. L., & Goode, M. R. "The Psychological Consequences of Money", *Science*, Vol. 314, No. 5802, November 2006, pp. 1154 – 1156.

Vohs, K. D., Mead, N. L., & Goode, M. R. "Merely Activating the Concept of Money Changes Personal and Interpersonal Behavior", *Current Directions in Psychological Science*, Vol. 17, No. 3, June 2008, pp. 208 – 212.

Vohs, K. D., Wang, Y., Gino, F., & Norton, M. I. "Rituals Enhance Consumption", *Psychological Science*, Vol. 24, No. 9, September 2013, pp. 1714 – 1721.

Vuckovic, N. "Fast Relief: Buying Time with Medications" *Medical Anthropology Quarterly*, Vol. 13, No. 1, March 1999, pp. 51 – 68.

Wajcman, J. "Life in the Fast Lane? Towards a Sociology of Technology and Time", *The British Journal of Sociology*, Vol. 59, No. 1, March 2008, pp. 59 – 77.

Wajcman, J., & Rose, E. "Constant Connectivity: Rethinking Interruptions at Work" *Organization Studies*, Vol. 32, No. 7, July 2011, pp. 941 – 961.

Wang, F., Orpana, H. M., Morrison, H., De Groh, M., Dai, S., & Luo, W. "Long-Term Association between Leisure-Time Physical Activity and Changes in Happiness: Analysis of the Prospective National Population Health Survey", *American journal of epidemiology*, Vol. 176, No. 12, November 2012, pp. 1095 – 1100.

Watson, N., & Wooden, M. P. "The HILDA Survey: A Case Study In The Design And Development Of A Successful Household Panel Survey", *Longitudinal and Life Course Studies*, Vol. 3, No. 3, January 2012, pp. 369 – 381.

Weidman, A. C., & Dunn, E. W. "The Unsung Benefits of Material Things: Material Purchases Provide More Frequent Momentary Happiness than Experiential Purchases", *Social Psychological and Personality Science*, Vol. 7, No. 4, May 2016, pp. 390 – 399.

Weinstein, N., & Ryan, R. M. "When Helping Helps: Autonomous Motivation for Prosocial Behavior and Its Influence on Well-Being for the Helper and Recipient", *Journal of Personality and Social Psychology*, Vol. 98, No. 2, February 2010, pp. 222 – 244.

Weinstein, N. D. "Unrealistic Optimism about Future Life Events", *Journal of Personality and Social Psychology*, Vol. 39, No. 5, November 1980, pp. 806 – 820.

Wenke, D., & Haggard, P. "How Voluntary Actions Modulate Time Perception", *Experimental Brain Research*, Vol. 196, No, 3, May 2009, pp. 311 – 318.

West, P. "Rethinking the Health Selection Explanation for Health Inequalities", *Social Science & Medicine*, Vol. 32, No. 4, February 1991, pp. 373–384.

Whillans, A., Smeets, P., Bekkers, R., & Norton, M. "Control over Time Predicts Greater Life Satisfaction among Millionaires". ACR North American Advances, 2017.

Whillans, A., & West, C. "Alleviating Time Poverty among the Working Poor: A Pre-Registered Longitudinal Field Experiment", *Scientific Reports*, Vol. 12, No. 1, January 2022, pp. 1–17.

Whillans, A. V., & Dunn, E. W. "Thinking about Time as Money Decreases Environmental Behavior", *Organizational Behavior and Human Decision Processes*, Vol. 127, March 2015, pp. 44–52.

Whillans, A. V., & Dunn, E. W. "Valuing Time over Money Is Associated with Greater Social Connection", *Journal of Social and Personal Relationships*, Vol. 36, No. 8, August 2019, pp. 2549–2565.

Whillans, A. V., Dunn, E. W., Smeets, P., Bekkers, R., & Norton, M. I. "Buying Time Promotes Happiness", *Proceedings of the National Academy of Sciences*, Vol. 114, No. 32, August 2017, pp. 8523–8527.

Whillans, A. V., Weidman, A. C., & Dunn, E. W. "Valuing Time Over Money Is Associated with Greater Happiness", *Social Psychological and Personality Science*, Vol. 7, No. 3, April 2016, pp. 213–222.

White, M. P., & Dolan, P. "Accounting for the Richness of Daily Activities", *Psychological science*, Vol. 20, No. 8, August 2009, pp. 1000–1008.

Wilcox, K., Laran, J., Stephen, A. T., & Zubcsek, P. P. "How Being Busy Can Increase Motivation and Reduce Task Completion Time", *Journal of Personality and Social Psychology*, Vol. 110, No. 3, March 2016, pp. 371 – 384.

Williams, J. "Market Work and Family Work in the 21st Century", *Vill. L. Rev.*, Vol. 44, No. 3, April 1999, pp. 305.

Williams, J., & Williams, R. *Reshaping the Work-Family Debate: Why Men and Class Matter.* Harvard University Press, 2010.

Williams, J. R., Masuda, Y. J., & Tallis, H. "A Measure Whose Time has Come: Formalizing Time Poverty", *Social Indicators Research*, Vol. 128, No. 1, July 2015, pp. 265 – 283.

Williams, R. B., Barefoot, J. C., & Schneiderman, N. "Psychosocial Risk Factors for Cardiovascular Disease: More than One Culprit at Work", *Jama*, Vol. 290, No. 16, October 2003, pp. 2190 – 2192.

Williams, R. J. *The Gift of More Time: The Influence of Eco-Stove Improved Cookstoves on Women's Time Poverty and Agency in Indigenous Lenca Communities in Intibucá, Honduras*, 2016. University of Florida, 2016.

Wilson, S. J., & Lipsey, M. W. "Wilderness Challenge Programs for Delinquent Youth: A Meta-Analysis of Outcome Evaluations", *Evaluation and program planning*, Vol. 23, No. 1, February 2000, pp. 1 – 12.

Wilson, T. D., Reinhard, D. A., Westgate, E. C., Gilbert, D. T., Ellerbeck, N., Hahn, C., Brown, C. L., & Shaked, A. "Just Think: The Challenges of the Disengaged Mind", *Science*, Vol. 345, No. 6192, July 2014, pp. 75 – 77.

Wirtz, D., Kruger, J., Scollon, C. N., & Diener, E. "What to Do on Spring Break? The Role of Predicted, On-Line, and Remembered Experience in Future Choice", *Psychological Science*, Vol. 14, No. 5, September 2003, pp. 520 – 524.

Woolhandler, S., Campbell, T., & Himmelstein, D. U. "Costs of Health Care Administration in the United States and Canada", *New England Journal of Medicine*, Vol. 349, No. 8, August 2003, pp. 768 – 775.

Woolley, K., & Fishbach, A. "The Experience Matters More Than You Think: People Value Intrinsic Incentives More Inside Than Outside an Activity", *Journal of Personality and Social Psychology*, Vol. 109, No. 6, December 2015, pp. 968 – 982.

Yan, L. L., Liu, K., Matthews, K. A., Daviglus, M. L., Ferguson, T. F., & Kiefe, C. I. "Psychosocial Factors and Risk of Hypertension: The Coronary Artery Risk Development in Young Adults (CARDIA) Study", *Jama*, Vol. 290, No. 16, February 2004, pp. 2138 – 2148.

Yang, N., Chen, C. C., Choi, J., & Zou, Y. "Sources of Work-Family Conflict: A Sino-US Comparison of the Effects of Work and Family Demands", *Academy of Management Journal*, Vol. 43, No. 1, February 2000, pp. 113 – 123.

Young, C., & Lim, C. "Time as a Network Good: Evidence from Unemployment and the Standard Workweek", *Sociological Science*, Vol. 1, February 2014, pp. 10 – 27.

Zahavi, Y., Beckman, & M. J., G., T. F. *The "UMOT." Urban Interactions Report No. DOT-RSPA-DBP*-10 – 7. U. D. o. Transportation, 1981.

Zauberman, G., & Lynch Jr, J. G. "Resource Slack and Propensity to Discount Delayed Investments of Time Versus Money", *Journal of Experimental Psychology: General*, Vol. 134, No. 1. February 2005, pp. 23 – 27.

Zauberman, G. , Ratner, R. K. , & Kim, B. K. "Memories as Assets: Strategic Memory Protection in Choice over Time", *Journal of Consumer Research*, Vol. 35, No. 5, February 2009, pp. 715 – 728.

Zhang, T. , Kim, T. , Brooks, A. W. , Gino, F. , & Norton, M. I. "A "Present" for the Future: The Unexpected Value of Rediscovery", *Psychological Science*, Vol. 25, No. 10, October 2014, pp. 1851 – 1860.

Zukewich, N. *Work, parenthood and the experience of time scarcity*. Citeseer, 2003.

Zuzanek, J. "Work, Leisure, Time-Pressure", *Work and leisure*, 2004a, pp. 123.

Zuzanek, J. "Work, Leisure, Time-Pressure, and Stress". In V. A. Haworth JT (Ed.), *Work and leisure*, 2004b, pp. 123 – 144.

李继波,黄希庭:《时间与幸福的关系:基于跟金钱与幸福关系的比较》,载《西南大学学报:社会科学版》,2013年第1期。

邢占军:《我国居民收入与幸福感关系的研究》,载《社会学研究》,2011年第1期。

[德]卡尔·马克思:《资本论》,中共中央编译局译,北京:人民出版社2003年版。

《中共中央关于党的百年奋斗重大成就和历史经验的决议》,中国共产党第十九届中央委员会第六次全体会议,2021年11月。